LE RÈGNE TERRESTRE
DES
PARFAITS

LE RÈGNE TERRESTRE
DES
PARFAITS

Écrits akklésiastiques

TOME 2

Ivsan Otets

{ akklesia.eu · akklesia.fr · akklesia.com }

© 2022, Ivsan Otets

Édition : BoD - Books on Demand, info@bod.fr
Impression : BoD - Books on Demand, In de Tarpen 42, Norderstedt
(Allemagne)
Impression à la demande
ISBN : 978-2-3224-3642-2
Dépôt légal : Novembre 2022

SOMMAIRE

Avertissement 9

Prologue
    Les papes 11

I - Imperium Anglo-Saxonicum
    À propos des cantiques 17
    Deux mots sur Billy Graham 21
    De la religion anglo-américaine 31

II - Soumission - continuité - mélange
    Les fils de Noé 41
    Resserré est le chemin 47
    Le cordon ombilical 55
    La maturité spirituelle 65
    Ta vie sera ton butin 137

Épilogue
    Une géométrie de l'Éden 145

Avertissement

Les textes proposés dans ce recueil reflètent un cheminement et s'inscrivent dans la progression d'un discours. Ce discours est la réflexion philosophique et spirituelle d'Ivsan Otets, développée à partir des années 2000 et se poursuivant jusqu'à nos jours. Les fruits de cette réflexion furent publiés sur deux sites internet, Les Cahiers Jérémie, puis, en collaboration avec Dianitsa Otets, sur Akklésia où ils continuent d'être publiés.

Les écrits sélectionnés pour le présent tome datent, comme pour le précédent, d'une première période située globalement entre les années 2000-2015.

Certaines idées ont depuis évolué, certaines positions ont été revues et modifiées. Quelques-unes de ces évolutions apparaissent dans les textes les plus récents, disponibles en ligne. D'autres font l'objet de nos recherches et de notre réflexion actuelles et il nous tarde de les partager.

Nous laissons néanmoins les textes antérieurs tels quels, moyennant seulement quelques révisions stylistiques, mais sans y modifier certaines idées et positions exprimées alors qui auront peut-être changé depuis ; ces textes témoignent du chemin parcouru.

Ivsan & Dianitsa Otets

PROLOGUE

Les papes
Pontifex Maximus

DANS UNE CIRCULAIRE, LE PAPE JEAN-PAUL II affirma que « la foi et **LA RAISON** sont semblables à deux ailes permettant à l'esprit humain de s'élever vers la contemplation de la vérité[1] ». LÉON CHESTOV, quant à lui, tenait un tout autre propos. En effet, devant l'antique récit de la GENÈSE, le philosophe russe parlait ainsi : « la raison est ce glaive de feu au moyen duquel l'Ange placé par Dieu aux portes du paradis en écarte les hommes[2] ». Il faisait référence à ces êtres célestes dont parle le texte biblique : « les chérubins postés à l'orient du jardin d'Éden avec la flamme de l'épée foudroyante pour garder le chemin de l'arbre de vie. » (GEN 3^{24}).

Qui faut-il croire ? La théologie du prestigieux Souverain Pontife qui exerça son pouvoir durant près de trente années au Vatican, ou bien un philosophe à peine connu qui s'exila à Paris où il mourut ? Pour l'un, la raison élève l'homme ; pour l'autre la raison prive l'homme du plus grand bien. Le Pape prend l'envol de la raison pour rejoindre la vérité divine quand CHESTOV voit en elle un inflexible ennemi le menaçant continuellement. Comment, à partir du même texte biblique, un tel abîme a-t-il pu se creuser entre les hommes ? Est-ce

---
[1] JEAN-PAUL II, *Fides et Ratio* · Encyclique du 14 septembre 1998.
[2] LÉON CHESTOV, *Le pouvoir des clefs*, « De la racine des choses ».

que l'humanité s'y répartit proportionnellement sur chacun des deux côtés ? Niet ! Tous les hommes ont depuis longtemps rejoint la position des papes...ou plutôt : c'est Rome, qui depuis fort longtemps a rejoint les hommes intelligents et *raisonnables* !

Dans la même encyclique, JEAN-PAUL II s'enfonce davantage lorsqu'il ajoute : « la pensée philosophique est souvent l'unique terrain d'entente et de dialogue avec ceux qui ne partagent pas notre foi ». Rappelons que l'Évêque romain porte un titre hérité de l'Antiquité latine, un titre qui désignait le plus haut prêtre de la **ROME PAÏENNE** : le *Pontifex Maximus*, c'est-à-dire le Grand faiseur de ponts. JEAN-PAUL II, dans la lignée de ses multiples prédécesseurs, jette ici un pont philosophique afin d'unir l'Église avec le reste de l'humanité raisonnable. Le chrétien voit ainsi dans la raison une des ailes de l'esprit permettant aux hommes de s'élever de progrès en progrès. Chacun désignera ensuite ce qui lui convient le mieux pour incarner la seconde aile : *la science* dira l'athée ; *la théologie* diront les papes, prétendant qu'elle est « la science de la foi ». C'est ainsi que le feu de la raison a consumé la foi puis l'a métamorphosée en une science divine. Les papes ont fait de la liberté de l'esprit un glaive flamboyant et vindicatif ; ils lui ont arraché les ailes. Ils ne volent pas, ils marchent sur la terre en brûlant tout ce qui ne se soumet pas à leur raison...à l'instar de l'homme-raté, *le pécheur*.

CHESTOV, quant à lui, s'était donné pour tâche, non de « réconcilier la philosophie et la science, mais de les brouiller entre elles », et, dira-t-il : « plus intense, plus cruelle sera leur lutte, plus les hommes en retireront d'avantages[3] ». Il

---

3 LÉON CHESTOV, *La balance de Job*, « La philosophie de l'histoire ».

brisa pour lui le pont construit par les papes. Il resta là, exilé de l'autre côté du gouffre, rejoignant ce faible reste de l'humanité pour qui les connaissances de l'Ange au glaive de feu ne sont que des sortilèges pour intelligents. Quelle sorte de philosophie amputée des logiques de la raison CHESTOV produisit-il de ce côté-ci de l'abîme ? Celle qui, affirma-t-il, « se propose, non d'accepter, mais de surmonter les évidences et qui introduit dans notre pensée une nouvelle dimension, LA FOI. »

Ainsi donc, les papes ont donné la foi en pâture à la raison qui les fascine, et, faisant d'elle une Science de Dieu, ils ont élaboré des cathédrales de règles et de doctrines auxquelles il suffit de se soumettre pour atteindre le divin. Mais la foi ne s'achète pas aux lumières de la raison et de ses sages morales ; et non contente de lui DÉSOBÉIR, elle veut encore la soumettre à la liberté tant elle sait combien la raison devient folle dans son rôle de chef. La foi en Dieu se nourrit d'une liberté insaisissable pour toute logique ; aussi, quiconque bâtit un pont pour relier l'une à l'autre est en train de greffer sur un même corps le plumage de la liberté divine avec l'aile de plomb des vérités raisonnables. Ainsi prépare-t-il le monde à s'effondrer dans l'abîme sans fond qui sépare précisément Dieu, et nos sciences de la vérité.

Le royaume de Dieu où conduit la foi est un lieu où les vérités n'accusent plus l'âme au moyen de leurs flamboyantes épées. Le feu angélique de leur pouvoir y est là-bas déchu du règne que leurs évidences détiennent encore ici-bas. Dans la réalité divine, les vérités vivent et meurent au gré de la volonté des *fils de l'homme*, et leurs contradictions n'émeuvent là-bas ni les êtres, ni la nature. C'est pourquoi, l'homme de foi tend toutes ses forces en ce monde présent pour résister aux papes de la sagesse. Il refuse de brûler avec eux les ailes naissantes de l'esprit que son Dieu lui insuffle pour le rejoindre un jour. C'est lors de cette errance difficile que CHESTOV trouva la consolation suivante ; il se rappelait alors « la lutte contre les évidences » que mena aussi le Christ lors de la tentation au désert :

> Quand Athènes proclame, *urbi et orbi*, pour la ville et pour le monde : *Si tu veux te soumettre toutes choses, soumets-toi à la raison,*[4] Jérusalem entend à travers ces paroles : *Je te donnerai toutes ces choses, si tu te prosternes et m'adores* ; et répond : *Retire-toi, Satan ! Car il est écrit : Tu adoreras le Seigneur, ton Dieu, et tu le serviras lui seul.*[5]

---

[4] SÉNÈQUE, *Lettres à Lucilius*, lettre 37-4 (en latin dans le texte : *Si vis tibi omnia subjicere, te subjice rationi*).

[5] LÉON CHESTOV, *Athènes et Jérusalem*, « De la philosophie médiévale ».

I - *IMPERIUM ANGLO-SAXONICUM*

À propos des cantiques
À l'attention des hommes heureux

Victor Klemperer, dans son ouvrage *La Langue du Troisième Reich*, explique la façon dont la propagande nazie modifiait quotidiennement la langue allemande pour répandre son idéologie. Aussi dira-t-il que l'oppression mentale totalitaire est faite de « piqûres de moustiques et non de grands coups sur la tête ». C'est un mélange, ajoute-t-il, de « Novalis et de Barnum ». Novalis fait référence au poète romantique et Barnum à l'entrepreneur de spectacles américain qui créa le cirque Barnum en 1871.

De là est née l'expression « effet Barnum » du psychologue Paul Meehl. Il faisait référence aux talents de manipulateur de l'homme de cirque, lequel affirmait qu'« **un bon cirque doit offrir quelque chose à tout le monde** ». L'*effet Barnum* sert à désigner une suggestion, une subjectivité. Par celles-ci on conduit une personne à accepter qu'une description succincte, qu'une impression évasive s'appliquent précisément à sa personnalité. L'*effet Barnum*, c'est prendre ses rêves pour des réalités. C'est une fâcheuse tendance à donner un sens à toutes ses expériences. De là naissent de faux espoirs amers. Ces suggestions fonctionnent sur les intelligents comme sur les idiots. Astrologie, cartomancie, numérologie et autres spiritualités la pratiquent à outrance. Leurs clients sont convaincus de soumettre leur vie et leur personnalité à une évaluation solennelle, au cours d'une rencontre-spectacle avec des « vérités » que ces marchands leur énoncent et que les spectateurs peuvent même arriver à expérimenter physiquement. Ils entrent dans une croyance suggérée comme certaine et certifiée. Toute remise en question de leurs pratiques ou expériences est dès lors « blasphématoire ».

Ce mélange de suggestion (barnum) et de romantisme (novalis) est le propre des églises. Depuis des siècles d'ailleurs. Le paganisme avec ses spectacles spirituels fut la première séance de cinéma. Il manipulait aussi ses inévitables « CLIMAX ». Cet instant, ainsi nommé par les professionnels du cinéma, où la tension et l'émotion cinématographique sont à leur paroxysme. Là où se résout l'action dans une réponse appelée aussi *nœud dramatique*. ARISTOTE parlait lui de CATHARSIS (de *katharein*, « purifier, purger »). Terme employé d'abord lors de rituels religieux d'expulsion pratiqués dans l'Antiquité. Pour SOCRATE, PLATON ou les STOÏCIENS, la catharsis et la philosophie sont liées. C'est isoler l'âme du corps, tuer l'être particulier pour le dissoudre dans l'idée générale. Plus près de nous en revanche, parallèlement à la définition clinique du psychologue, la catharsis désigne **LE PLAISIR FONDAMENTAL DU SPECTATEUR**. Lors du climax, une sorte de purge émotionnelle se produit, un dégorgement thérapeutique. C'est la résolution du conflit dans le scénario : David tue Goliath. Les scénaristes et le monde de la communication connaissent parfaitement les mécanismes de la catharsis. On suggère au spectateur qu'il est ce héros, victorieux dans sa lutte l'opposant au mal.

Ainsi fonctionne tout spectacle religieux. Le catholicisme commença par ses récitations en latin, dans ses bâtisses grandioses, au milieu de ses acteurs parés pour l'occasion. La suggestion est ainsi créée, avec son romantisme liturgique, et l'ensemble est combiné à la purification de la conscience des participants. Tout cela rapporta des recettes énormes dans le monde entier. Mais le catholicisme est moribond. Le protestantisme a su habilement moderniser le spectacle : le métamorphoser pour qu'il colle à nos réalités.

C'est pourquoi la musique et les cantiques, plus que le prophétisme, le sentimentalisme ou le miraculeux, tiennent une place primordiale de nos jours. L'église qui réussit est celle qui sait le mieux chanter et manier les techniques modernes de sons et lumières. À l'instar de l'Ancien Testament, riche en cantiques et en liturgies, notamment lors de l'époque glorieuse des Rois, les églises s'avancent pour conquérir les âmes. Trompettes à la main, elles suggèrent à leur peuple qu'il est la race des parfaits venus rendre ce monde plus heureux, et l'épanouir dans ses sentiments.

À l'encontre de ce cirque, le Nouveau Testament est autant avare en cantiques que l'Ancien en est riche. En dehors de trois maigres références dans les lettres pauliniennes – dont Éphésiens et Colossiens, précisément suspectées d'être des pseudépigraphes – nous n'avons rien ! L'Apocalypse, faisant référence au monde à venir doit bien sûr être mise à part. Du reste, la seule et unique fois où les Évangiles font référence aux cantiques en présence du Christ, le propos est significatif au possible. En effet, après que le texte ait dit : « Ayant chanté les psaumes, ils sortirent pour aller au mont des Oliviers », Jésus prend lui-même la parole pour annoncer aussitôt : « Je serai pour vous tous, cette nuit, une occasion de chute. »

Paf ! Ce qui devait arriver arriva. Les disciples vont s'endormir en priant alors que le Christ est en train de suer du sang. Puis, ils vont tous l'abandonner ! Enfin, Pierre le reniera au chant du coq. Tout cela dans les heures qui suivirent le chant des psaumes. Le véritable cantique du Nouveau Testament, c'est le chant du coq ! Voilà ce qui dit le texte. Ailleurs, le grand écrivain Gogol parlera du *coq, dont le cri perçant annonce toujours le changement de temps.*[1] Le Nouveau Testament n'annonce-t-il pas le changement du temps ? N'annonce-t-il pas que la nature de l'homme va être révélée ? Cet homme, chantant sur son tas de fumier, doit apprendre qui il est pour atteindre ce qu'il n'est pas.

Devant les messes et les cirques évangéliques, il en vient à se demander ce que Dieu pense. Ne voit-il pas là ce que voyait Victor Klemperer ? C'est-à-dire « **les piqûres de moustique** » d'une propagande religieuse, là où l'on suggère à l'homme, dans un romantisme écœurant, que sa sanctification est l'expérience purgative des cultes et des messes. Il y a plus de vérités dans les larmes amères de Pierre que dans ses chants psalmodiés l'instant d'avant. Que les chrétiens fassent de même, qu'ils pleurent amèrement. Car leurs cantiques et leurs bazars prophétiques sonnent aujourd'hui leur réprobation. Ils sont la prophétie qu'ils n'entendent pas tant ils hurlent fort. **La prophétie du chant du coq qui vient bientôt pour eux.**

---

[1] Nikolaï Gogol, *Les âmes mortes*, Chant ii.

Deux mots sur Billy Graham
À l'attention des Évangéliques

Il existe un certain protestantisme, tant en Europe que sur d'autres continents, « addict » et totalement envoûté par la prédication évangélique américaine. C'est une attitude fort inquiétante. Elle me rappelle d'ailleurs étrangement la propagande servant à décrire les faits historiques de la Seconde Guerre mondiale. En effet, on nous enseigne depuis notre enfance que l'Amérique, telle un sauveur, aurait débarrassé l'Europe du Nazisme. Nous savons pourtant que tout comme la France, l'Italie ou l'Angleterre, les pertes totales américaines furent d'environ un demi-million d'hommes. À côté de cela, la Russie perdit plus de **20 millions** des siens à des milliers de kilomètres du débarquement de Normandie tant médiatisé par l'Histoire. Tandis que des millions d'hommes et de femmes slaves étaient sacrifiés dans une sorte d'incognito, pour ne pas dire de mépris aux yeux de l'Européen moyen pour qui la victoire ne devait se chanter qu'en américain, le peuple russe terrassait néanmoins à lui seul Hitler, préparant ainsi sa défaite définitive.

Mais la propagande fit admirablement bien son travail. L'Europe se tourna ébahie vers l'Ouest, encensant l'Amérique comme un héros. Elle ne cesse depuis lors de s'ouvrir à son mode de vie, bouche bée, se nourrissant de tous ses messages et accueillant sur tapis rouge ses messagers. C'est ce même aveuglement qui pèse, tel une ombre, sur l'esprit d'une certaine chrétienté de nos jours. On se tourne vers l'Ouest comme si là-bas le christianisme possédait à lui seul les secrets de la victoire évangélique ; comme si Dieu avait exclusivement pourvu les ekklésias *made in USA* d'une force spirituelle capable de vaincre les ennemis de l'humanité. Le christianisme d'outre-Atlantique est regardé avec naïveté et une quasi-idolâtrie comme un modèle d'excellence. N'est-il pas le premier à atteindre le but final de ce messianisme qu'on prétend être parfaitement fidèle au Christ ? À savoir que la chrétienté se doit de **RÉGNER** politiquement !

Dans son documentaire *Dieu protège l'Amérique*, DAVID VAN TAYLOR nous relate l'élection de RICHARD NIXON. Le nouveau Président tout juste élu se présente devant la foule exaltée de ses fidèles bardée de la clique habituelle des journalistes ; et à ses côtés, sur le podium, le sourire en bouche couronné d'un regard de faucon, se tient BILLY GRAHAM. Le prédicateur religieux reçoit alors le micro et se lance aussitôt dans une phraséologie digne de l'ANCIEN TESTAMENT : « Ô Seigneur, nous sacrons RICHARD MILHOUS NIXON président des États-Unis, au nom du Prince de la Paix qui a versé son sang sur la croix pour que les hommes aient la vie éternelle, amen. » NIXON vécut alors une extase à nulle autre pareille. Imaginez ! Être ni plus ni moins directement sacré roi par Dieu lui-même *via* la bouche d'un de ses plus prestigieux évangélistes. L'un et l'autre sont alors convaincus d'être en mission divine ; ils dirigeront la Nation la plus puissante au Monde pour encore une fois **SAUVER** ce dernier de l'envahisseur qui le dévore.

Le vieux Pape romain de la vieille Europe est à terre avec son *urbi* et *orbi*, avec son « à la ville et au monde ». Quant au Pape du protestantisme, Billy Graham, le voici en train d'élever l'*urbi et orbi* à la hauteur des espérances divines. L'onction a certes changé de main, mais Billy Graham est néanmoins le digne fils de l'Évêque de Rome ; car comme lui, il vise aussi le règne politique et s'adresse avec grandiloquence *à la ville et au monde*. Le prédicateur américain, bien plus pragmatique, a cependant largement dépassé son père. Abandonnant le vieux costume liturgique, il s'est revêtu d'un complet coupé par les meilleurs tailleurs, a étudié l'économie moderne, les mécanismes de Mammon, puis s'est immiscé enfin dans le cercle très fermé des pouvoirs obscurs de la politique. Il serre désormais la main des *exousia*, des « autorités » ; là, sur la plus haute marche de leurs gloires. Quant au Christ ? Il fit l'exact inverse puisqu'il renia les autorités et les humilia publiquement (cf. Col 2^{15}). Le Christ jeta à terre leurs couronnes, criant *au monde et à la ville*: « Mon royaume n'est pas de ce monde, mon royaume n'est pas d'ici-bas » (cf. Jn 18^{36}). Assurément, **le Christ n'était pas sur l'estrade** avec Billy Graham et Richard Nixon ; il était absent d'un tel lieu. Il faudra bien que le prêcheur américain rende un jour compte de s'être ainsi saisi du nom du fils de Dieu pour bâtir ses fantasmes humains et y avoir plongé de surcroît tant de foules crédules qui l'écoutèrent.

Devant un tel dévoiement de l'Évangile, la pensée de Chesterton me vient aussitôt à l'esprit : « Le monde est plein d'idées chrétiennes devenues folles. » Le règne politique du christianisme est simplement le mélange tragique et pathétique du judaïsme avec l'Évangile. C'est Pierre qui, balbutiant d'effroi lors de la transfiguration, se met à dire n'importe quoi : « Dressons trois tentes, une pour toi, une pour Moïse, et une pour Élie » (Mc 9⁵). C'est ce vieux geste craintif d'un christianisme infantile qui veut coudre la Foi à la Loi. C'est-à-dire rendre Dieu tangible ; mêler le Christ à une théocratie venue de la Loi ; l'obliger, tel que tentèrent de le faire les pharisiens et la foule, à accepter le couronnement politique. Fort heureusement, le Nazaréen préféra la croix et l'incognito de la résurrection. **Le Christ ne veut pas régner sur les hommes !** Il veut changer leur nature si profondément que chaque-Un règne sur sa propre réalité ; qu'il soit roi sur son propre royaume : qu'il soit sans Dieu ni maître. Le Christ se donne comme Père, et il est lui-même le Père qui se sacrifie pour ses fils ; mais jamais son but final n'est de se donner comme Dieu Tout-Puissant à des fils qui ne pourraient s'approcher de lui qu'à genoux. Il a en vue leur pleine liberté. Il veut les faire passer du statut de créature soumise au Créateur, à la dignité de fils portant la nature de leur Père. La différence est radicalement différente ; c'est une véritable cassure avec la théologie de la Thora et de ses morales sociales. Un divorce sans retour avec cette ardeur qu'a l'Ancien Testament à être politiquement reçu et à régner sur les hommes.

Mais Billy Graham n'a-t-il pas prêché l'Évangile, me fera-t-on remarquer ? N'a-t-il pas conduit au Christ de nombreuses personnes ? N'en soyons pas si sûrs. Il est aisé de procéder à des conversions intellectuelles ou morales, lesquelles sont le propre des conversions politiques somme toute. Voici la recette. On suggère à autrui des convictions par le levier envoûtant d'un orateur de talent et de son directeur de campagne, expert en propagande. On apprend à manipuler telles ou telles valeurs ou mécanismes agissant sur la psychologie humaine ; de telle sorte qu'on acquiert sur l'autre assez de pouvoir pour qu'il se saisisse du bulletin de vote qu'on veut le voir utiliser. Ainsi le « convertisseur » fait-il régner une certaine autorité sur son prochain en lui faisant accroire qu'il l'a librement choisie. En vérité, il n'y a élection ni d'un côté ni de l'autre. Il n'y a ici qu'une manipulation morale et intellectuelle qui n'a absolument **RIEN DE SPIRITUEL** !

De fait, il est aisé de **CONFONDRE** une conversion de la conscience à un quelconque schéma de pensée du bien et du mal, avec la naissance spirituelle qui précisément échappe à tous les schémas du bien et du mal. En effet, l'Esprit agit tout autrement. Il vient littéralement déchirer l'individu ; il le rend fou. Il fait justement en sorte que l'argutie intellectuelle ou morale ne tienne plus ; qu'elles n'offrent plus d'échappatoire à celui pour qui n'existe d'autre espoir qu'une intervention totalement gratuite, miraculeuse et déraisonnable de Dieu. Et cela, dans un face à face intime et personnel entre l'homme et le ciel. L'intervention de l'Esprit est au-delà du bien et au-delà du mal ; au-delà de toute raison, de toute logique, de toute théologie et de toute justice. Il est question, pour l'Esprit, de la Justice du Royaume des cieux, laquelle n'a été vue par aucun œil, saisie par aucune intelligence, expérimentée par aucun sentiment. Cette justice *contre-THORA* qui fait naître l'homme à Dieu ne peut être appréhendée humainement. Il faut un acte absolument gracieux de la part du Christ pour que soudain s'ouvre à l'homme ce *tout-nouveau* qu'il n'a jamais auparavant imaginé ; ce *tout-nouveau* qu'il ne peut désormais embrasser et faire sien que par la Foi seule.

Mais que font les prédicateurs armés de principes à la BILLY GRAHAM ? Ils s'équipent d'un charisme humain qu'ils auréolent d'une morale des sages, puis ils forgent ensuite ce caractère humaniste dans l'excellence d'une préparation théologique adéquate. Enfin, ils l'enveloppent d'une esthétique travaillée aux petits oignons. Le tout est, pour finir, soigneusement introduit dans un spectacle de masse où l'effet médiatique finit par convaincre de l'extraordinaire du moment. Fiers de leur œuvre, ces prédicateurs pensent ainsi être capables d'atteindre les mêmes buts que l'Esprit se propose – même si l'Esprit **EST ABSENT** ! L'imitation de l'Esprit suffit à subjuguer le spectateur tant elle est bien faite ; il sublime l'expérience qu'il est en train de vivre. Hélas, l'auditeur est souvent très facilement subjugué ; il entretient souvent une tendance à la sublimation. Il y croit. Dès lors, il se lance dans une conversion qu'il se figure être spirituelle quand elle n'est qu'intellectuelle ou sensuelle, et malheureusement essentiellement d'ordre humain.

Tel est le processus religieux ; telle est sa puissance, sa séduction. La liturgie archaïque du catholicisme et le vieux rigorisme protestant se sont intelligemment métamorphosés en messes évangéliques. On prétend depuis lors que ces théâtres religieux modernes venus de l'Ouest portent en eux la victoire spirituelle de l'ÉVANGILE. Mais rien n'est plus faux. La véritable victoire se déroule derrière cette histoire-là, dans la véritable Histoire. Elle se déroule sur une autre terre et à des milliers de kilomètres *spirituels* de cette médiatisation du divin. La victoire est acquise par ces inspirés dont la foi pèse mille fois plus lourd devant le ciel, mais qui sont cependant sacrifiés sous la pression médiatique de l'ekklésia « victorieuse » ; loin des podiums, des estrades et des applaudissements. Là où précisément demeure l'Esprit ; loin des rassemblements et des publics de rue. Dans la simplicité d'une rencontre avec son prochain, dans l'intimité qu'un homme ou une femme ont avec Dieu : dans le secret de leur chambre. Dans l'**INCOGNITO**, ainsi qu'aimait à le dire KIERKEGAARD : « Dès qu'il y a foule, Dieu devient invisible. Et cette foule, toute-puissante, peut bien aller se casser le nez à sa porte, elle ne va pas plus loin, car Dieu n'existe que pour l'individu. C'est là sa souveraineté. »

🌿

JACQUES ELLUL, dans son livre *L'espérance oubliée*[1] nous parle de la **DÉRÉLICTION**. La dérélection, c'est le silence de Dieu, son absence. « Je crois, explique ELLUL, que nous sommes entrés dans le temps de la dérélection, que Dieu s'est détourné de nous et nous laisse à notre destin. Certes, je suis convaincu qu'il ne s'est pas détourné de tous, ou plutôt qu'il est peut-être présent dans la vie d'un individu. Il peut être encore celui qui parle dans le cœur de l'homme. Mais c'est de notre histoire, de nos sociétés, de nos cultures, de nos sciences, de nos politiques que Dieu est absent. Il se tait. Il s'est enfermé dans son silence et sa nuit. » (77). Puis d'ajouter plus loin à propos du fait religieux : « Le silence de Dieu, son absence, sont vécus collectivement : c'est le peuple chrétien, ce sont les Églises, ce sont les hommes dans leur globalité qui se trouvent dans la dérélection. Et l'expérience individuelle de quelques-uns n'y change rien » (127).

---

[1] JACQUES ELLUL, *L'espérance oubliée*, Gallimard, 1972, La Table Ronde, 2004.

Ainsi donc, dans la troisième partie du second chapitre intitulé « Les signes de la déréliction dans l'Église », Ellul parle plus précisément de ce qu'il appelle « la sécheresse ». La *sécheresse*, c'est pour lui « l'absence de portée du témoignage, l'absence de transmission du message chrétien » (140-147). C'est dans cette sécheresse que s'enracinent les principes d'évangélisation qu'utilisent Billy Graham et les prédicateurs du même acabit. Et Jacques Ellul va petit à petit directement en venir à l'exemple concret de l'évangéliste américain.

Cette *sécheresse*, explique-t-il, est la conjonction de l'esprit religieux avec « le grand effort des intellectuels chrétiens pour arriver à rendre le message audible, compréhensible, acceptable sur un plan purement naturel ». Jacques Ellul parle d'une *exégèse de laminage et de torture des textes*. « Plus un texte sera dépecé, moins il sera apte à une compréhension fondamentale », affirme-t-il ; « plus la connaissance formelle du texte s'améliore, plus disparaît sa signification de fond. » Et d'expliquer plus loin :

> Il est bien vrai que, Dieu absent, tout ce qui nous reste dans notre effective pauvreté spirituelle, c'est le décorticage sans fin de l'enveloppe textuelle, mais nous pouvons être assurés que cela ne mène nulle part, et ne fait que rendre plus évidente, que confirmer notre stérilité. Il ne s'agit pas d'aboutir à la conclusion que la position inverse serait bonne, c'est-à-dire qu'il faudrait régresser vers la lecture naïve ou fondamentaliste [...] mais nous prétendons nous en tirer par l'exégèse et nous passer du Saint Esprit en obtenant les mêmes résultats.

« L'entreprise herméneutique sonde donc inlassablement, » affirme-t-il encore,

> elle donne le vertige. Elle est l'exacte réplique inversée de l'ancienne métaphysique. Il s'agit proprement de se substituer à la décision de Dieu. Il s'agit de rendre vivante et signifiante l'Écriture sans que Dieu la rende vivante et signifiante. Il s'agit de procéder au passage de l'Écriture à la Parole, ou de rendre le langage, Parole, par un ensemble de moyens humains hautement raffinés en faisant l'économie du Saint Esprit. L'herméneutique est l'entreprise d'interprétation de la révélation sans la révélation. [...] De fait, il est interdit à Dieu de parler. Dieu n'a pas à parler dans cette histoire, c'est à nous de le faire parler. Nous avons à substituer notre herméneutique de la parole à sa parole.

Prenant finalement un cas concret, ELLUL en vient à dire la chose suivante : « La méthode de propagande de BILLY GRAHAM est l'exact correspondant, à son niveau, de la philosophie herméneutique. Utilisant le moyen extrême pour obtenir les résultats que le Saint Esprit ne donne plus. Par la propagande on peut obtenir des conversions en économisant l'action de Dieu, comme par l'herméneutique, [on peut obtenir] un sens [sans qu'il soit celui de Dieu]. »

La première édition de *L'espérance oubliée* date de 1972 ! JACQUES ELLUL, le Bordelais, a publié pas loin de soixante ouvrages dont la teneur est à l'image du meilleur vin du monde qu'on trouve dans sa région. Toutefois, la chrétienté préféra s'abreuver aux boissons sucrées des prédicateurs d'outre-Atlantique. Qu'on ne s'étonne pas désormais. Ayant sacrifié un inspiré qui était à ses portes, l'Église porte en son sein des convertis intellectuels, émotifs et moralistes, fruits de ces prédicateurs de pacotille motivés par des propagandes à la BILLY GRAHAM. C'est-à-dire que l'Église regorge d'hommes et de femmes dont la naissance spirituelle, si elle a eu lieu, révèle aujourd'hui des individus atteints de toutes sortes d'affections spirituelles qui rappellent les retards psychiatriques. **FAUT-IL PLEURER SUR ELLE ?** Pour l'heure, qu'elle s'abreuve donc de la déréliction divine, du silence de Dieu et de son absence. Il y a là, disait ELLUL, « une poussée gigantesque vers la foi, car c'est cette misère de l'homme criant au ciel vide qui peut appeler Dieu à la vie. »

De la religion anglo-américaine
Aux vainqueurs

« ON NE PEUT PAS JUGER LES HOMMES par ce qu'ils font quand ils enlèvent leur pantalon. Pour leurs vraies saloperies, ils s'habillent. » C'est ainsi que parle Minna, serveuse et prostituée dans *Les Racines du ciel* de ROMAIN GARY. C'est cette même différence qui caractérise l'opposition entre le catholicisme et le protestantisme. Autant le premier se vautra dans ses « saloperies » flagrantes, à tel point que ses activités sont aujourd'hui clamées sur les toits avec les scandales pédophiles ; autant le second a su, lui, intelligemment apprendre de son frère. Ainsi a-t-il remonté son pantalon pour s'adonner à des méfaits finalement bien plus outrageants.

À ce propos, le célèbre sociologue MAX WEBER détaille avec précision la mentalité protestante dans sa grande étude *L'éthique protestante et l'esprit du capitalisme*[1] :

> Qu'ils aient constitué la couche dominante ou la couche dominée, la majorité ou la minorité le fait est que les protestants ont montré une disposition

---

[1] MAX WEBER, *L'éthique protestante et l'esprit du capitalisme*, traduction inédite et présentation par Isabelle Kalinowski, Champs Flammarion, 2000. Les citations du présent texte proviennent à la fois de cette version et de la version mise en ligne par J-M TREMBLAY à l'adresse suivante : http://classiques.uqac.ca/classiques/Weber/ethique_protestante/Ethique_protestante.pdf

toute spéciale pour le rationalisme économique, qui n'a jamais été observée au même point chez les catholiques [...] Le principe de cette attitude ne doit pas être recherché uniquement dans les circonstances extérieures temporaires, historico-politiques, mais **dans le caractère intrinsèque et permanent de cette croyance religieuse.**[2]

La Réforme, explique WEBER,

ne représenta pas tant l'abolition du pouvoir de l'Église sur la vie des fidèles que la substitution d'une **nouvelle forme de domination** à l'ancienne. C'est le remplacement d'un pouvoir très accommodant, peu contraignant dans les faits à cette époque, et qui, à bien des égards n'était guère plus que formel, par une réglementation sérieuse et infiniment pesante sur les conduites de vie dans leur ensemble, laquelle investit toutes les sphères de la vie domestique et de la vie publique de la manière la plus exhaustive qu'on puisse imaginer.[3]

L'autorité de l'Église catholique, remarque-t-il,

punit les hérétiques mais se montre indulgente envers les pécheurs [...] Le pouvoir du calvinisme, qui s'imposa au XVIe siècle à Genève et en Écosse, au tournant du XVIe et du XVIIe siècle dans une bonne partie des Pays-Bas, au XVIIe siècle en Nouvelle-Angleterre et, pour un temps en Angleterre, représentait la forme la plus intolérable de contrôle de l'Église sur l'individu. [...] Ce que déploraient les réformateurs, dans les pays économiquement les plus développés, ce n'était

---

2 I. Le Problème, 1. Confession et stratification sociale.
3 *Ibid.*

pas une emprise excessive de l'Église et de la religion sur la vie des fidèles, mais au contraire **un manque d'autorité**.[4]

Le constat du sociologue est sévère et pourtant fort juste pour qui a fait l'expérience pratique du catholicisme et du protestantisme. Mais WEBER va bien plus loin dans le discernement. Cette nouvelle pratique religieuse servit, selon lui, de levier à l'instauration et à la domination européenne de l'esprit capitaliste. Citant un confrère, il dira que « **la diaspora calviniste était comme la pépinière de l'économie capitaliste** ».

Dans son ouvrage détaillé, il prend, parmi de nombreux exemples, celui de BENJAMIN FRANKLIN, père fondateur des États-Unis. Ce dernier, né à Boston était fils d'un immigré anglais, élevé dans la tradition puritaine. Son père, calviniste de stricte observance, lui avait inlassablement répété au cours de sa jeunesse, explique FRANKLIN, que « si un homme est vaillant dans son métier, il pourra se présenter devant des rois. » (Prov 22^{29}) FRANKLIN, qui ne devint ensuite d'un point de vue confessionnel qu'un pâle déiste, nous dit WEBER, a laissé une autobiographie que ce dernier reprend en ces termes afin d'appuyer son étude sur l'éthique protestante :

> **Souviens-toi que le temps, c'est de l'argent. [...] Souviens-toi que le crédit, c'est de l'argent.**
> Si quelqu'un laisse son argent entre mes mains alors qu'il lui est dû, il me fait présent de l'intérêt ou encore de tout ce que je puis faire de son argent pendant ce temps. Ce qui peut s'élever à un montant considérable si je jouis de beaucoup de crédit et que j'en fasse bon

---

4 *Ibid.*

usage. **Souviens-toi que l'argent est, par nature, productif et prolifique.** L'argent engendre l'argent, ses rejetons peuvent en engendrer davantage, et ainsi de suite. Souviens-toi du dicton : les bons payeurs sont maîtres de toutes les bourses. Celui qui est connu pour payer ponctuellement et exactement à la date promise, peut à tout moment et en toutes circonstances se procurer l'argent que ses amis ont épargné. Ce qui est parfois d'une grande utilité. Après l'assiduité au travail et la frugalité, rien ne contribue autant à la progression d'un jeune homme dans le monde que la ponctualité et l'équité dans ses affaires. Par conséquent, il ne faut pas conserver de l'argent emprunté une heure de plus que le temps convenu ; à la moindre déception, la bourse de ton ami te sera fermée pour toujours. Etc.[5]

« FRANKLIN ne prêche pas seulement ici une technique de vie, mais une **éthique spécifique**, nous dit MAX WEBER, ce n'est pas seulement s'égarer que de ne pas la respecter, mais **manquer à ses devoirs.** » Puis il continue ainsi :

FRANKLIN donne au demeurant à toutes ses admonitions morales une tournure **utilitariste** : l'honnêteté est utile parce qu'elle donne du crédit, de même que la ponctualité, l'ardeur à la besogne et la tempérance – c'est pour cela qu'elles sont des vertus. D'où il faudrait par exemple conclure que lorsque l'apparence de l'honnêteté rend les mêmes services, celle-ci est suffisante, et qu'un surplus inutile de vertu ne pourrait apparaître, aux yeux de FRANKLIN, que comme une dépense improductive et condamnable. C'est un fait : en lisant dans son autobiographie le récit de sa « conversion » à ces vertus, ainsi que les pages où il

---

5 I. Le Problème, 2. L'« esprit » du capitalisme.

démontre l'intérêt de préserver strictement **l'apparence de l'humilité**, ou de taire consciencieusement ses mérites personnels lorsqu'on veut jouir de la reconnaissance de tous, on ne peut qu'en conclure que pour lui, les vertus ne sont des vertus que dans la mesure où elles sont concrètement utiles à l'individu et que l'expédient de la simple apparence est suffisant dès lors qu'il rend le même service – une déduction qui s'impose du point de vue strictement utilitariste.[6]

Mais WEBER ne s'arrête pas à cette critique, qui à elle seule laisserait FRANKLIN dans l'attitude classique de l'hypocrite. « En réalité les choses ne sont pas si simples, dit-il. Le caractère personnel de Benjamin Franklin, dont l'extraordinaire sincérité de son autobiographie porte témoignage, et le fait qu'il attribue sa découverte de l'"utilité" de la vertu à la révélation d'un Dieu soucieux de l'encourager par là à la vertu, montrent qu'il ne s'agissait pas seulement pour lui de couvrir d'un vernis de moralité des principes purement égoïstes. » Car, ajoute-t-il à propos de la mentalité protestante en général : « En se montrant négligent avec l'argent, on "tue" — pour ainsi dire — des embryons de capital et **on commet une faute morale**. »

« C'est un fait, » insiste le sociologue allemand :

> Cette idée spécifique du métier comme devoir [...] cette obligation dont l'individu se sent et doit se sentir investi à l'égard du contenu de son activité « professionnelle » [...] C'est cette idée qui est caractéristique de « l'éthique sociale » de la culture capitaliste et joue en un certain sens pour elle un rôle constitutif. Cette

---

6 *Ibid.*

faculté de concentrer ses pensées, cette attitude absolument décisive qui consiste à **considérer le travail comme un devoir**, [...] ce terrain extrêmement favorable à l'émergence de la conception du travail comme fin en soi, comme **vocation** (spirituelle), cela est une exigence du capitalisme.[7]

Ces longues citations, indispensables pour se faire une idée assez précise du propos de MAX WEBER, pourraient se conclure par ce dernier mot de l'économiste : « C'est justement l'aspect qui nous paraît décisif : cette idée caractéristique du protestantisme ascétique dans lequel il faut confirmer son propre salut et acquérir la certitude du salut **par le biais d'un métier**. En d'autres termes, les primes psychiques que cette forme de religion associait à l'"industria" et qui faisaient nécessairement défaut dans le catholicisme, puisque ce dernier prônait d'autres moyens de salut. »

🍃

La mentalité et l'esprit anglo-américain, hollandais, suisse ainsi qu'une bonne partie de l'esprit germanique, sont totalement imprégnés depuis presque cinq siècles par cette Religion. Tous ces peuples sont animés insidieusement par cet ascétisme du métier, par cette prospérité financière qu'on brandit comme un sceau divin, comme la preuve qu'une justice morale d'exception récompense ici l'individu : il fait office de cachet validant une prétendue « élection divine ». On retrouve cet esprit absolument partout dans les activités des populations protestantes. Quant aux « artistes », ou encore ceux qui se targuent d'être en marge du religieux,

---

7 *Ibid.*

tous ceux qui, au sein des sociétés protestantes se vantent de s'opposer directement à son fonds religieux, ceux-là mêmes qui clament haut et fort s'en être libérés — ils n'arrivent pas en vérité à s'en défaire. En effet, cette sorte de culte rendu au héros, au vertueux ou au conquérant romantique est en réalité issu du fonds religieux protestant qu'ils prétendent pourtant avoir dominé. L'éthique protestante a tissé ses préceptes dans l'ombre de leurs âmes, et elle s'incarne encore dans leurs modes de vie et leurs réflexes sociaux sans même qu'ils ne s'en rendent compte : le fervent défenseur de l'athéisme, tout comme le musicien « rebelle », ou encore l'écrivain avant-gardiste, tout autant que ceux qui peuplent le monde « extraordinaire » du cinéma, etc. La moindre série télé, le moindre roman sont imprégnés de l'odeur plus ou moins forte de cette pensée protestante qui a su conduire ces peuples dans l'ère moderne avant tout le monde. **Ces sociétés-là sont circoncises à l'éthique de la réussite financière en tant que mérite** ; et le modèle américain en a tant abusé qu'il a poussé le délire en gravant « Nous nous confions en Dieu » sur ses billets de banque !

Mais là où ce poison indolore brille en modernité, là où il s'illustre avec majesté, c'est lorsqu'il se saisit de la Bible ! Ici, hommes et femmes, pour reprendre les mots de Minna, « remontent leurs pantalons et réajustent leurs jupes », s'habillent chichement, se parfument et revêtent leur plus beau sourire de politesse, puis, les voilà partis pour faire les pires « saloperies » : **c'est la prédication évangélique !** Nous atteignons de nos jours des sommets en termes d'amour de l'argent, d'esprit capitaliste et de recherche de la sécurité — au nom de Dieu. Une ruse raffinée, tenant le juste milieu, tout en dialectique et en rhétorique, fait dire au Christ qu'il est ami de Mamon. Si le catholicisme a son apôtre en Pierre, si les Réformés avaient le leur en Paul, celui du protestantisme moderne a le sien en Judas. Quoi de plus normal puisque ce dernier était **comptable**. On se demande encore pourquoi un pays comme la France, si riche en penseurs et en capacité critique, se traîne continuellement aux pieds de ces amoureux de l'or et du bonheur. Il semble que les églises d'Europe partagent désormais le même amour, la même fièvre de l'or, du succès et du confort que **la Bible refuse pourtant presque toujours à ses oints**. À force d'écouter ces faux prophètes, à force d'être mordus par leurs « Évangiles » où les récompenses du dieu-Bien sont faites de finances, de bien-être et de rayonnement social tandis, affirment-ils, que la pauvreté, l'instabilité et l'isolement sont les conséquences punitives du Mal, le protestantisme européen n'est lui aussi que le ramassis des fils légitimes d'un christianisme païen. Le temps et les circonstances approchent. Vient le jour où le Christ leur tendra le pain qu'il tendit à Judas pour révéler le fond de ses intentions. Je doute qu'avant ce jour le protestantisme français se réveille et botte les fesses de tous ces missionnaires et auteurs anglo-saxons. Il risque de partager avec ces saints du Mamon de l'utile et de la réussite le même arbre où Judas accrocha son avarice. À la honte catholique succédera celle du protestant ; le petit frère qui se croyait plus rusé que l'aîné a finalement vaincu le théâtre des antiques messes épiscopales : il a su comment en rendre les ficelles invisibles en se conformant plus intimement avec le monde.

II - SOUMISSION - CONTINUITÉ - MÉLANGE

Les fils de Noé
À l'attention du christianisme judaïsant

LA FERVEUR QUE LE CHRISTIANISME a de tout temps manifesté pour le judaïsme fut toujours inquiétante ; mais elle l'est plus particulièrement de nos jours. Car si l'Église considéra durant de longs siècles le peuple juif et sa théologie comme une menace, le fait qu'elle les regarde de nos jours avec les meilleures intentions n'est en réalité qu'une farce ; sa toute fraîche affection pour le judaïsme émane en vérité **du même fonds** que son antique détestation à son égard ; sa sympathie n'est que l'avers de son ancestrale antipathie. Le christianisme souffre finalement de cette maladie dont Pierre manifesta les premiers symptômes ; il veut faire du Christ un rabbin et mettre Moïse à ses côtés sur un pied d'égalité : « Pierre, prenant la parole, dit à Jésus : Rabbi, il est bon que nous soyons ici ; dressons trois tentes, une pour toi, une pour Moïse, et une pour Élie » (Mc 9^5).

Voici donc les chrétiens atteints de troubles psychiatriques par lesquels leur identité se dissocie en de multiples personnalités. Nombre d'entre eux, notamment dans les milieux évangéliques issus du monde anglo-saxon, s'imaginent de plus en plus être autant juifs que chrétiens ! Ils vont jusqu'à vénérer le tétragramme, ou encore hébraïser le nom de « Jésus » en *Yeshua* (bien que l'équivalent soit en réalité *Yého-*

shouah). Et bien entendu la plupart se politisent, désirant avec ardeur que le Temple soit reconstruit à Jérusalem, se persuadant que défendre l'État d'Israël est d'ordre spirituel puisque sa restauration serait le signe avant-coureur d'un retour messianique.

C'est dans ce contexte que la théologie des *fils de Noé*, depuis fort longtemps établie par le judaïsme, devient **une aubaine** pour un christianisme prosélyte et nostalgique de ses vieilles conquêtes universalistes ; ce nouveau partenariat promet de revigorer une Église qui ne sait plus quoi inventer pour remplir ses salles. Nous voyons par exemple l'excellente hébraïsante et catholique MARIE VIDAL reformuler subtilement la doctrine des *fils de Noé* tout au long de sa lecture du NOUVEAU TESTAMENT : « Le christianisme est une propédeutique du judaïsme [1] », affirme-t-elle en citant un pasteur protestant. C'est-à-dire que l'enseignement du christianisme aurait pour mission de **préparer** le chrétien à de plus hautes études, lesquelles, bien évidemment, seraient l'étude talmudique et une pratique de la Loi mosaïque. Je rappelle brièvement ce à quoi font référence les rabbins lorsqu'ils parlent des *fils de Noé* : il s'agirait des nations appelées à se convertir un jour au judaïsme. Non pas toutefois à se soumettre à sa TORAH dans son intégralité, mais seulement à lui obéir dans une sorte de judaïsme « light », lequel serait résumé dans les 7 lois dites « de Noé » — l'interdiction de l'idolâtrie ; de blasphémer ; de tuer ou de se suicider ; de voler ; d'avoir des unions immorales ; l'obligation à certaines règles alimentaires ; et la soumission à un système judiciaire.

---

[1] Intervention « Les Évangiles à la lumière de la Tora » sur akadem.org.

Bien entendu, c'est un passage du NOUVEAU TESTAMENT qui vient, comme par enchantement, appuyer cette dépendance que le christianisme aurait vis-à-vis du judaïsme : « Si les branches du judaïsme ont été retranchées, et si toi qui es chrétien, tu as été greffé à leur place pour participer à la racine, sache que ce n'est pas toi qui portes la racine, mais que c'est **la racine** qui te porte », (ROM 11$^{17\text{-}18}$ pour le texte complet). Quand on observe comment le chrétien entend ce texte, il apparaît clairement qu'il ne sait pas lire correctement le français. Car, dit-il : « la racine dont il est question ici, c'est le peuple juif ». Lisez donc le propos consciencieusement et vous verrez que « la racine » n'est absolument pas le peuple juif. La « racine », telle un cep, porte des sarments et s'en voit retrancher d'autres ; tant ceux du judaïsme que ceux du christianisme. La racine dont parle Paul, c'est le Christ voyons ! Certes, le judaïsme, ce sont les premiers sarments, et n'ayant pas reconnu le Christ ils se sont retranchés eux-mêmes finalement. Mais qu'en est-il des chrétiens judaïsants ? Car en se tournant désormais allègrement vers les sarments mis au sol, ne doit-on pas en conclure qu'eux aussi ont été retranchés ?

Mais là où la doctrine des *fils des Noé* se montre particulièrement légère, pour ne pas dire ouvertement mensongère, c'est de nouveau lorsqu'on l'examine dans l'ANCIEN TESTAMENT sur lequel elle prétend s'appuyer. Mais récapitulons tout d'abord brièvement comment s'articule cette idéologie :

> Le peuple juif n'a existé que pour se voir confier la TORAH en tant que promesse divine ; son identité émane donc directement de la Loi, c'est pourquoi il en a la garde exclusive. Or, la TORAH a pour vocation d'être universelle en se dispersant au-delà d'Israël. Il s'ensuit que le peuple final qui vivra sous cette alliance se répartit en **deux li-**

gnées. La première, liée directement à la Torah de par sa nature, ce sont les juifs de naissance ; tandis que l'autre qui devra s'y greffer, ce sont les nations et les religions qui se convertiront à Loi dans sa version plus digestible. Ces deux lignées seraient en réalité Israël dans son ensemble, et son rassemblement final se concrétisera dans une ère messianique avec son âge d'or. Israël serait donc constitué des juifs de naissance : c'est la première descendance, celle d'**Abraham** ; et des juifs d'adoption : c'est la seconde descendance, celle de **Noé**.

Toutefois, il s'avère qu'Abraham est issu de Noé qui le précéda, et non l'inverse ! C'est Noé qui est premier et Abraham second. Soit donc, quiconque veut conserver cette théologie talmudique des deux lignées doit reconnaître que celle des fils de Noé correspond en vérité aux Juifs de naissance et non aux nations, puisque Noé est racine. Mais allons jusqu'au bout de cette lecture biblique. L'Écriture nous montre que d'Abraham fut ensuite issu Lévi, c'est-à-dire le sacerdoce de la Loi à l'époque plus tardive de Moïse, mais la Loi dans toute sa complexité cette fois, et non plus seulement dans la seule version simplifiée des 7 ordonnances de Noé. Il s'ensuit que c'est Noé qui est une *propédeutique* de Moïse, pour reprendre le terme sophistiqué de Marie Vidal. Noé, c'est la classe préparatoire à la pratique de la Loi rigide et complexe des lévites ! Noé, c'est l'école primaire de la conscience ; et le Temple lévitique de David, ce sont les universités de la pure conscience dont le diplôme se révèle être une condamnation : « Tu n'en sortiras pas tant que tu n'auras pas payé jusqu'au dernier centime. » (Mat 5 [26]).

Qu'advient-il d'Abraham dès lors ? Dans laquelle de ces deux catégories faut-il le faire entrer ? Dans aucune. Abraham ne se référa pas à la Loi ; la foi seule lui suffit (GAL 3⁶). De plus, c'est précisément à lui qu'il a été dit : « Toutes **les nations** seront bénies en toi ! » (GEN 12³). Abraham, c'est l'**échappée** entre deux rives parfaitement visibles, entre ces deux lignées dont il vient d'être question : celle des morales populaires d'ordre humaniste, et celle des morales religieuses plus lourdes et dites divines. Aucun peuple ni aucune religion ne peuvent donc se revendiquer concrètement d'Abraham, il n'a pas de frontières ; il est l'allégorie d'un père invisible. Un père appelant les uns et les autres à sortir de leurs origines ou de leurs religions afin de partir vers un lieu sans races, ni religions, ni nations, ni frontières. Abraham, annonce **cette voix** qui répondit à Pierre lorsque celui-ci voulait faire du Christ un maître politico-religieux. Et c'est de nouveau cette voix qui parle aujourd'hui à ce pathétique christianisme judaïsant : « Celui-ci est mon fils bien-aimé : écoutez-le ! » (MC 9⁷). Car le Christ ne parle pas de conversion, invitant les hommes à devenir fils d'une nation, d'une religion ou d'un système moral ; le Christ suggère à l'homme de devenir fils de Dieu ! Que celui qui goûta un jour à cette liberté prenne donc garde. Car s'il prétend en trouver une meilleure en retournant sur les bancs des écoles d'où il vient, qu'il sache qu'aucune des plus prestigieuses universités n'est capable de lui donner l'impossible. Il faut pour cela basculer dans la foi, et tel Abraham quitter les rivages solides des races et des religions : « Partir sans savoir où l'on va » (HÉB 11⁸).

Resserré est le chemin
À partir de Matthieu 7 *13-14*

13 Entrez par la porte étroite. Car large est la porte, spacieux est le chemin qui mènent à la perdition, et il y en a beaucoup qui entrent par là. 14 Mais étroite est la porte, resserré le chemin qui mènent à la vie, et il y en a peu qui les trouvent.

CE QU'ÉVOQUE CE PASSAGE DU NOUVEAU TESTAMENT est somme toute assez simple à comprendre. Une quantité considérable de philosophes, de penseurs et de religieux, bien que totalement opposés entre eux dans ce qu'est le fond de leurs idéologies, ont en réalité continuellement rabâché cette « vérité » que reprend ici le Christ. De sorte que le prophète de Galilée n'apporte là rien de nouveau. Il confirme un savoir universellement reconnu, lequel fut maintes fois formulé avant lui, de même qu'il sera abondamment repris après lui. Toutes les doctrines humaines, qu'elles soient d'ailleurs athées ou qu'elles se réfèrent au divin, s'accordent donc sans peine sur ce qu'affirme lui aussi le texte biblique.

Toutefois, mise dans la bouche du Christ, cette vérité devient UN PIÈGE. Un piège dans lequel les églises sont tombées en masse, pensant de surcroît, balourdes comme elles le sont trop souvent, y trouver *la révélation*. S'il y a une révélation sous-tendue dans ce que dit ici le Christ, c'est précisément lorsque nous découvrons – après – qu'il ne cessa d'affirmer tout le contraire dans la suite de ses discours !

Il est d'abord indéniable que «LE CHEMIN RESSERRÉ» évoque la souffrance, la difficulté et même une certaine forme de traumatisme. On a beau se tortiller dans tous les sens, affirmer le contraire serait simplement une malhonnêteté intellectuelle vis-à-vis du texte. Le terme «resserré», tant dans son étymologie que dans ses utilisations néotestamentaires fait toujours référence à l'*affliction*, la *pression*, les *tribulations*, le *malheur* ou encore les *persécutions*. Ainsi donc, depuis fort longtemps, les maîtres ont enseigné qu'il fallait apprendre à renoncer aux plaisirs faciles et mettre en valeur travail et vertu ; que seules la discipline morale, l'endurance dans l'épreuve ou encore la ténacité dans le malheur, pouvaient obliger la vie à produire un fruit riche et glorieux pour le disciple qui se consacrerait à une telle étroitesse dans son mode de vie. *A contrario*, ces mêmes maîtres ont montré aux hommes que l'indiscipline morale, l'inconstance et le manque de maîtrise face à ses passions conduit inévitablement à l'échec, à une vie de médiocrité et à se perdre soi-même. Quiconque a un peu de culture et ouvert quelques livres aura très vite découvert que toute l'Antiquité, toutes les religions orientales, les trois monothéismes et tous les humanismes ont prêché à leur manière « la porte étroite et le chemin resserré ». Tous savaient que c'était à cette seule condition qu'ils pouvaient conduire à la victoire leurs idéologies et s'assurer la prospérité ; bien que ces heureux dénouements survinssent au bout d'un long chemin de souffrances et fussent arrosés des larmes et du sang des peuples.

L'Histoire nous offre tant et plus d'exemples d'hommes, nous dit CHESTOV, « qui **SANS LA FOI NI AUCUNE VÉRITÉ RÉVÉLÉE** ont exalté le courage et les vertus. » C'est pourquoi, si l'on s'en tient aux signes distinctifs du texte de l'Écriture qui est ici proposé, « on se trouve dès lors obligé de voir en ces héros des témoins de la vérité et même des croyants, car ils ont prouvé leur foi par la souffrance. » Enfin, remarque-t-il, « leur *désintéressement* étant absolu, puisqu'ils ne comptaient même pas sur la béatitude, ni dans cette vie, ni dans l'autre, [...] ce désintéressement est donc tel qu'il assure à l'éthique un triomphe complet. Un désintéressement tel qu'il transforma ces hommes en authentiques martyrs de L'**ÉTHIQUE**.[1] »

Car c'est bien d'éthique dont il est question ! C'est bien de **LA LOI** dont parle en vérité le Christ lorsqu'il reprend lui aussi ce principe. Le **CHOIX ÉTROIT ET RESSERRÉ** de la discipline, de la morale, des vertus du travail et du renoncement, c'est la clef de voûte de la TORAH ; et à cette clef est rattachée la promesse de la réussite, de la richesse, et pour celui qui croit en une divinité, la promesse du salut de son âme. Soit donc, dit le Christ, dans la plus pure tradition mosaïque : « Ô homme, si tu veux être sauvé par la Loi, et de plus, avoir ici-bas les bénédictions célestes – tu dois apprendre à renoncer à la facilité, te livrer à une discipline rigide et, en outre, te préparer à souffrir ! » L'ensemble des chapitres 5 à 7 de l'ÉVANGILE DE MATTHIEU d'où est tiré ce passage sont d'ailleurs une mise en valeur de la Loi que le Christ élève à un niveau

---
[1] CHESTOV, *Kierkegaard et la philosophie existentielle*, ch. XVI.

totalement inacceptable. Son propos est plus que pharisien, il est extrémiste : « Soyez parfaits ! » Le verset qui précède le propos sur « la porte étroite et le chemin resserré » est d'ailleurs le suivant : « Tout ce que vous voulez que les hommes fassent pour vous, faites-le de même pour eux, car **c'est la loi et les prophètes.** » Or, quiconque veut mettre en pratique ce « commandement » et agir envers son prochain avec un tel niveau de conscience, celui-ci se prépare tout simplement aux pires souffrances sur cette terre. Car la chose est tout bonnement **impossible** à mettre en pratique sur le plan humain.

Le Christ le sait fort bien. C'est donc volontairement qu'il met la barre de la Loi à la hauteur où elle est en vérité, c'est-à-dire au niveau de l'impossible. C'est pourquoi, tout au long de ces trois chapitres, et comme dans une sorte de mouvement de sablier, il distille petit à petit à l'intérieur de son propos une autre pensée – une pensée absolument différente. Son désir est en effet d'amener ses auditeurs dans le doute vis-à-vis de la Loi, puis de les conduire vers une autre dimension de la relation avec Dieu ; une relation qui s'appelle la **Foi seule**, laquelle est aussi scandaleuse qu'extraordinaire. Tout est là-bas absolument gratuit, et c'est l'impossible, comme sorti de nulle part, *ex nihilo*, qui sert de glaise pour pétrir l'homme qui marche sur cet étrange chemin.

Pareillement, alors qu'il commente un autre auteur russe, Anton Tchekhov, le philosophe Lev Chestov dira encore la chose suivante : « Tout ce qui est vraiment nouveau naît d'ordinaire en nous **contre notre propre volonté**. Les personnages de Tchekhov, eux, gens anormaux par excellence, se trouvent placés dans la nécessité antinaturelle, et par conséquent terrible, de créer *ex nihilo.* »

Ainsi donc, dira le Christ bien plus tard dans l'ÉVANGILE : « Ce n'est pas vous qui m'avez choisi ; mais moi, je vous ai choisis », (JN 15[16]). Car, dit-il en somme : « Tu auras beau choisir le chemin le plus resserré qui soit, passer par la porte la plus étroite que l'idéologie humaine puisse inventer, te flageller, souffrir le martyre et te sacrifier pour ton prochain, si je ne t'ai pas choisi, tu ne passeras pas et jamais tu n'atteindras le monde-à-venir ! Tout dépend de moi et rien de toi. »

L'homme est dans la situation antinaturelle des personnages de TCHEKHOV ; il est sans chemin aucun et Dieu a définitivement verrouillé toute porte. Humainement parlant, on ne peut dire qu'« il y en a peu qui suivent le chemin menant à la vie » car il n'y en a AUCUN ! Il n'y a pas plus de porte qu'il n'y a de chemin spacieux ou resserré où l'homme aurait le choix de marcher pour trouver la vie divine : tout tient à l'ÉLECTION. L'homme doit naître À PARTIR DE RIEN, sans faire le moindre pas et sans même la moindre et minuscule part de sa volonté : l'homme de Dieu est celui qui naît contre sa volonté et à partir d'un geste d'en-haut qu'il ne maîtrise en rien. Or, cette naissance comporte une souffrance certaine, et même une mort, car l'enfant qui naît meurt en même temps à l'embryon terrestre qu'il était ; puis il apprend enfin à respirer avec ses propres poumons et non plus au travers de sa mère. Cependant, l'IDENTITÉ du chemin sur lequel Dieu vient de le faire surgir pour le conduire durant toute sa vie n'est ni l'étroitesse ni la souffrance ! C'est la liberté d'être enfin soi-même et de voler petit à petit avec ses propres ailes hors de sa nature première. L'homme de Dieu n'est ni sur le chemin spacieux du conformisme, ni sur le chemin étroit des élites, des saints, des justes, des canonisés ou de je ne sais quelle autre caste sacerdotale – il est dans l'ailleurs d'un chemin inclassable et incognito.

C'est-à-dire que le chemin du Christ n'est ni large, ni resserré – il est **TOUT AUTRE** ; et en vérité, il est autant l'un que l'autre. Il est radicalement resserré parce que chaque-Un est unique, et il est aussi absolument spacieux et large parce que la promesse de l'Être, c'est l'infini des possibles. De telle sorte que vouloir identifier le chemin selon tel ou tel mode de vie conduit inévitablement vers une pratique magique du divin, vers une sorte d'envoûtement, de charme mystique. Le chemin est réellement **INCLASSABLE**, il échappe à toute catégorie. L'incognito est le sceau du chemin et la foi sa seule force ; mais dès l'instant où l'on veut enfermer l'Esprit d'intimité avec le Christ dans une autre attitude que celle de l'incognito et de la foi, une attitude qui serait générale, visible, sensible, théorique, théologique – on quitte en vérité le mouvement de l'Esprit. On quitte cette liberté qui lui est propre, celle où la foi et l'inclassable du chemin particulier sont **LES SEULS TÉMOIGNAGES**. Si l'identité du chemin de la Loi, de la raison et de la morale, c'est d'être difficile, pénible et pétri de souffrance, on ne résout pas le problème en lançant comme un benêt que le chemin du Christ serait tout simplement son opposé ; c'est-à-dire la joie, l'extase et un mode de vie fait de signes, de bienfaits et de conforts continuels.

Soit donc, c'est un grand malheur de vouloir imiter Jésus à travers le prisme de la TORAH – du chemin resserré. Mais c'est aussi un grand malheur de vouloir imiter Jésus au travers du prisme opposé, c'est-à-dire de la joie, du confort et de la réussite. C'est un grand malheur de dire que le Christ, qui s'est lui-même défini comme étant **LE CHEMIN** lorsqu'il disait «Je suis le chemin» (Jn 14^6), serait en définitive un personnage resserré, traumatisant et étroit; mais c'est aussi un grand malheur de dire que le Christ serait ce candide naïf laissant venir à lui tout et n'importe qui sur la route large des spiritualités à fleurs et à petits anges. Celui qui pense que le Nazaréen est venu pour lui offrir le bien-être et le bonheur est tout autant dans l'erreur que celui qui pense que ses souffrances sont la marque de sa spiritualité. Le chemin du Christ, c'est le Tout-autre... Or voici! Ce Tout-autre est pour le terreux un inconfort resserré ici-bas, mais pour l'homme nouveau en train de sourdre, il est aussi une liberté spacieuse s'opposant directement à cette première étroitesse.

Le cordon ombilical
À l'attention des chrétiens

La naissance est une expérience sans pareille, affirme-t-on avec emphase ; car c'est l'instant durant lequel la vie conquiert enfin son autonomie. Pour la première fois, la bouche du nourrisson s'ouvre et ses poumons se remplissent d'air, puis son nombril se ferme tandis que la sage-femme coupe le cordon ombilical. Pourtant, et nous le savons fort bien, cette expérience n'est pas unique dans la vie d'un individu. Bien au contraire, car la naissance est une scène prophétique pour signifier à l'enfant par quel geste l'existence façonnera désormais son être : au rythme de **CONTINUELLES RUPTURES** du cordon ombilical. Exister ne signifie-t-il pas « être dans le devenir » ? Très certainement. Et le devenir suppose, non pas de retourner dans le ventre de sa mère, mais d'en sortir pour en être totalement libre ! Le nouveau-né devra donc lutter toute sa vie pour naître à son autonomie et affirmer l'individu particulier qu'il est appelé à être. Encore et encore il lui faudra s'arracher à ses géniteurs, s'émanciper de ses nids et briser des carcans. Et à chacune de ses « naissances » il sentira l'air de sa nouvelle liberté conquise emplir ses poumons, les dilater et les brûler alors qu'il poussera soudain un cri de victoire. Vivre ici-bas est une longue naissance. Et la naissance biologique qui déclenche ce processus est telle un coup de fouet portant en elle tous les symboles de cette course pour la vie ; ainsi nous apprend-elle que **TOUTE NAISSANCE SUPPOSE UNE MORT**, et que « la femme enceinte est en réalité un tombeau » car le bébé qui naît meurt en même temps à l'embryon qu'il était.

Ce devenir incessant vers lequel la vie nous pousse ; cette obsession qu'elle a de faire de nous un être autonome, un Homme, c'est aussi un processus de mort qu'elle manie de ses mains expertes. La vie met à mort et condamne ; elle détruit nos tanières dans lesquelles nos peurs nous enferment tant le nouveau nous effraye ; elle arrache nos cordons puis marque fièrement son geste d'une belle cicatrice. En somme, la vie sait dès le départ que nos cordons nourriciers s'enrouleront à terme autour de nous, puis – qu'**ILS NOUS ÉTOUFFERONT** !

Pareillement en est-il de la **NAISSANCE SPIRITUELLE** dont témoigne le NOUVEAU TESTAMENT : un perpétuel déracinement de l'être. Là aussi il s'agit de trancher les cordons ombilicaux qui lient les hommes à divers dépendances et déterminismes. Toutefois, alors que le devenir existentiel commun, ordinaire, parle de détacher l'homme de ses géniteurs, de sa culture, de sa patrie, de telle doctrine ou de tel mode de vie hérité…il en va tout autrement de la naissance spirituelle dont parle le Christ. Rompre le cordon ombilical évoque ici **UNE SÉPARATION D'AVEC LA NATURE ELLE-MÊME** ; une séparation totale ! Ainsi donc, l'allégorie de « la femme enceinte qui est un tombeau » correspond cette fois à **MÈRE NATURE** ! Pour le NOUVEAU TESTAMENT, briser le cordon ombilical ne renvoie que de façon indirecte et seconde à ce que nous appelons communément « la chair et le sang » ;

c'est-à-dire la famille, la religion, la société, ou encore une certaine idéologie avec ses dogmes, son éthique, ses codes moraux, etc. Il est question pour le Christ d'aller à la source. Il veut nous libérer de notre Nature même ; de l'humain que nous connaissons et que nous sommes **PERSONNELLEMENT ET INDIVIDUELLEMENT**. Un tel devenir est hors de toute raison, tant scientifique que religieuse. Il est une folie. Car de même qu'on sectionne le cordon du nourrisson et qu'il meurt à l'existence embryonnaire, il s'agit d'arracher l'homme, non seulement à sa vie présente, mais encore à la mort vers laquelle cette même vie le conduit !

Il est donc question ici de **RÉSURRECTION** ; c'est-à-dire d'une naissance hors de l'homme, d'une sortie hors de l'*homo sapiens*. Nous sommes face à un devenir qui cette fois est infiniment plus qu'une de ces transformations que l'évolution humaine est capable de mettre en mouvement. C'est un devenir **EXCESSIF** pour l'homme. Un chemin qui n'a plus rien de commun avec le progrès existentiel traditionnel vers lequel toute sagesse humaine est en mesure de conduire les individus. Il est désormais question de faire naître l'homme à une identité qu'il est raisonnablement impossible de concevoir ; et son évocation est pour la raison un cauchemar puisque ses vérités éternelles devront un jour ployer devant ce nouvel homme. Le Christ parla abondamment de cet être-à-venir, et il utilisa à son propos le terme de **FILS DE L'HOMME**, éclairant du même coup le sens de cette expression que l'**ANCIEN TESTAMENT** utilise déjà. De plus, il prétendit en être lui-même l'incarnation parfaite ! Et pour ajouter au scandale, il affirma que cette identité est simplement **LA NATURE MÊME DE DIEU** ; de telle sorte qu'il se fit l'égal de Dieu !

Nous sommes bien loin de la description que le sage et le religieux font des hommes qui dans l'au-delà se tiennent auprès de leur divinité. Car ils sont habituellement décrits comme ressemblant aux anges ; à des créatures dont l'obéissance est parfaite ; c'est-à-dire à des consciences pures qui ne désirent plus rien personnellement et qui par conséquent ne connaissent aucun devenir. Entre ces **Fils de l'ange** et le **Fils de l'homme**, le jugement de l'*homo sapiens* sera bien sûr aussi rationnel que radical : « Il est dans la logique des choses de naître *Fils de l'ange*, dit-il, mais naître *Fils de l'homme* est contraire à la raison ». Peu importe que les *Fils de l'ange* soient des êtres dont la nature est en réalité **totalement inhumaine** ; ce qui compte c'est qu'ils soient très exactement ce que le processus évolutif et sanctifiant de la raison produit quand on livre l'être humain à ses mécanismes. Il fabrique une Créature épurée de toute passion et de liberté propre ; forgée dans une obéissance parfaite pour en faire une conscience pure ; et cela, au sein d'un monde de paix où tout est dans la stabilité absolue et définitive de la divine loi qui le fixe.

Que le lecteur comprenne bien ici la chose décisive qui se déroule. À savoir, que les *Fils de l'ange* n'ont nul besoin de rompre le cordon ombilical de Mère Nature ; car ce qu'ils deviennent dans l'au-delà n'est que le processus normal de leur première et unique naissance, son processus mathématique. Aussi n'ont-ils pas besoin de naître spirituellement. La Nature, qui est *leur nature*, les conduit petit à petit dans l'Unité de sa Loi parfaite, dans l'immuabilité du divin et de son immatérialité ; soit donc, vers **sa logique de désincarnation**. Ce n'est pas là une nouvelle naissance, mais l'aboutissement réussi des impératifs que poursuit la première naissance. Les dieux qui la gouvernent acheminent tout vers ce que la Raison appelle *la béatitude éternelle* et que l'homme appelle la mort. En revanche, les *Fils de l'homme* naissent réellement une SECONDE FOIS puisqu'ils revêtent un autre corps ; puisqu'ils ressuscitent ! Aussi ont-ils comme mode de vie de rompre le cordon ombilical de Mère Nature, de sortir de son origine et d'atteindre l'horizon de leur Père qu'est le royaume des cieux. Tandis que les *Fils de l'ange* ont comme mode de vie de communier avec leur cordon ombilical, de suivre son chemin afin de retourner dans le ventre originel de leur mère qu'ils conçoivent comme étant le paradis ou le nirvana.

🙰

De façon bien étrange, il semble que jusque là les différents christianismes soient fondamentalement d'accord avec ce discours sur la résurrection, sur la nouvelle corporalité qu'elle promet et sur le détachement d'avec la première que cela suppose ici-bas. L'Église approuve généralement ce fait et prétend y croire fermement ; au moins de façon théologique, sur le papier. Aussi est-il possible que je ne dise là que des banalités, quelque chose que mille fois d'autres théologiens et penseurs ont affirmé ici et là au fil des pérégrinations de la chrétienté.

Néanmoins, si le christianisme aime tant la Résurrection, pourquoi, pendant des siècles et dans son écrasante majorité s'est-il tant attaché à ce monde ? Pourquoi a-t-il tellement été absorbé par son actualité ? Pourquoi un tel acharnement de sa part à vouloir servir, aimer et améliorer Mère Nature ?

Et pourquoi a-t-il enseigné aux hommes que boire ses meilleurs sucs et téter avidement son sein étaient des récompenses divines en réponse à leurs vertus ? Notre « succulente réalité » est pourtant le ventre du monde hors duquel Dieu est déterminé à faire sortir l'homme. Bien plus, le monde est cette *double angoisse*, cette « Égypte » dont parle l'Écriture : *angoisse de vivre et angoisse de mourir* ; une existence à propos de laquelle Dieu parle d'affranchissement et de **LIBÉRATION**. Dès lors, pourquoi apprendre aux hommes – au nom de Dieu – que le cordon argenté de notre vie biologique et raisonnable est la chose la plus précieuse qu'un homme possède ? L'œuvre de Dieu consiste précisément à **NOUS LIBÉRER** de ce cordon de terre qu'est notre **FAUSSE-VIE** ; et son Esprit veut nous apprendre à ne pas craindre la Torah de Mère Nature par laquelle l'univers est administré. Il s'ensuit que toute spiritualité qui, « au nom du Divin », enseigne aux hommes à s'abreuver au sein du monde en tant que récompense spirituelle, c'est là justement que se trouve le diabolique. Le savoureux et séduisant diabolique a toujours promis aux hommes le lait, le miel et la graisse pour récompenser leurs sagesses. Ce sont là toutes les spiritualités des prophètes de la paix que l'Écriture n'a de cesse d'identifier aux faux prophètes.

C'est pourtant bien cette spiritualité, que, **DANS LES FAITS**, le christianisme traditionnel prêche à ses fidèles. Pourquoi ? Parce qu'à l'instar de toutes les religions, l'Église a toujours voulu conquérir le Monde et régner sur lui. De là son attachement, son enthousiasme, son ardeur à parler politique, sociologie, éthique, justice, institutions, culture, santé publique, etc. À discuter les lois qui régissent nos sociétés et à prétendre les bonifier. À discourir, en ces temps techniciens : d'Écologie ! La chose est tellement d'actualité que l'Église, toujours opportuniste, voit combien le sujet peut lui servir de porte-voix pour redorer son blason. Ainsi voyons-nous de nos jours un certain catholicisme parler d'« écologie divine ». Le nigaud affirme que « la Création est un temple de chair et une demeure vivante que Dieu est susceptible de venir habiter ». Bref, la chrétienté s'est toujours éminemment concentrée sur le bonheur de l'homme ici-bas ; elle s'est toujours sentie en mission d'ordonner l'ici-bas « chrétiennement » afin d'apporter bonheur et prospérité à ses citoyens. De là un grand écart qui a toujours mis l'Église en extrême difficulté. D'un côté, elle veut faire tenir debout une philosophie qui enseigne à l'homme les « techniques divines » pour extraire des mamelles du monde ses meilleurs fruits ; et d'un autre côté, elle voit Dieu, précisément **FAIRE ŒUVRE TOUTE CONTRAIRE** ! D'un côté, l'Église fortifie le cordon de la raison par lequel les terreux sont la tête du monde et non la queue ; et de l'autre elle voit Dieu sectionner ce cordon et apprendre aux siens à **DÉRAISONNER**, à n'avoir nulle crainte d'offenser le sol maternel et de perdre ses bénédictions temporelles.

Toutefois, du malheureux déséquilibre dans lequel elle se trouve, l'Église elle-même a parfaitement conscience. Comment donc parviendra-t-elle à le masquer ? Comment parviendra-t-elle, d'une part, à continuer d'annoncer la nouvelle naissance, puisqu'elle puise son existence dans ce fait spirituel ; et d'autre part à **NE JAMAIS COUPER LE CORDON DE L'ENFANT** ! Elle craint en effet que l'enfant atteigne la maturité et ne se passionne pour la résurrection plus que pour l'Église, auquel cas il risquerait de s'en émanciper et de mettre la structure ecclésiale en danger. La réponse de l'Église à ce dilemme, il faut l'admettre, fut magnifique et son raisonnement ingénieux : « Faisons en sorte, dit-elle, d'infantiliser l'individu, mais cette fois sur la mamelle d'une autre mère que Mère Nature, laquelle doit de toute façon être théologiquement écartée. Sculptons donc le dogme de **Mère Église**, puis, comme les païens font avec Mère Nature, proclamons l'Église sacrée et son corps divin ; ainsi, toute nouvelle naissance nous sera consacrée et nul n'osera jamais se libérer de notre sein ! »

Voici donc, la chrétienté peut désormais prêcher la nouvelle naissance en toute sécurité puisque ses sages-femmes sont hardiment formées à ne jamais rompre le cordon ombilical. Cordon qui, tout autrement, servira même de diadème spirituel. Les uns s'en serviront comme preuve de leur naissance spirituelle ; d'autres pour vanter l'intimité particulière qu'ils ont avec le divin ; quant aux plus âgés, ils y verront une démonstration de leur grande spiritualité et un trophée : leur attachement quasi sacrificiel vis-à-vis de la sainte Mère qu'est l'Église est celui auquel tout chrétien est appelé ! De fait, nous retrouvons-nous avec des chrétiens de vingt, trente ou encore quarante ans d'assiduité à croire, mais qui sont toujours emberlificotés dans leurs cordons ombilicaux. Et bien qu'ils tentent de leurrer leurs proches en faisant de cette infirmité une couronne spirituelle, ces chrétiens-là sont en vérité des autistes spirituels, des sortes de cas sociaux ou médicaux... Ce sont des malades psychiatriques **incapables d'assumer l'autonomie que le Christ est venu leur offrir.** Car s'il nous était donné de les voir le temps d'un instant dans la transparence de la pureconscience, nous découvririons des enfants de tous âges, et pour les moins atteints, des adolescents.

Nul n'ignore néanmoins qu'un jour ou l'autre le scalpel passera sur notre peau à tous et que le dernier cordon qui nous relie aux vivants sera alors définitivement rompu. Mère Nature abandonnera en ce jour ses enfants à la mort; et il en sera de même de chaque mère : la Science, la Patrie, la Philosophie, la Morale, la Mystique, l'Église...ou encore tout simplement la maman qui nous a enfantés et élevés. Cette dernière – pourtant humaine – est revêtue de la même impuissance que les autres, et les cris les plus déchirants de son enfant que la mort engloutit n'y pourront rien. Nulle mère n'a assez de force pour ressusciter les siens. Pourquoi ? Parce que la résurrection est précisément cette noce dont parle l'Écriture, et elle ne met en scène que deux personnes : Dieu et l'Individu, c'est-à-dire l'Être particulier que nous sommes. C'est lui et LUI SEUL qui entre dans la résurrection, de même que la fiancée entre SEULE dans « la chambre du lit[1] ». Ainsi en témoigne l'Écriture dans la parabole du berger : « Le Christ appelle les siens un à un, chacun par son nom, et il les emmène dehors. » (JN 10³).

Celui donc qui a reçu de Dieu cette connivence est heureux, car il chemine vers sa résurrection. Et n'est-ce pas cette intimité particulière avec son Dieu qui le sauve ? Qu'en est-il par ailleurs de ceux qui refusent une telle liberté aux chrétiens ? Qu'en est-il de cette Église pour laquelle les uns et les autres sont liés entre eux PLUS que chaque-Un ne l'est avec son Dieu ? Cette Église qui estime que Dieu ne conduit

---

[1] En référence au TALMUD qui utilise l'expression « la chambre des lits » pour évoquer le « lieu très saint » qui se réfère lui-même au Temple de l'AT.

pas les siens « un à un et chacun par son nom », mais qu'il conduit un troupeau par un système d'attelage et de joug qui oblige toutes les bêtes à suivre le même sillon ? Ce corps ecclésiastique qui se croit poétiquement et orgueilleusement *mère* connaîtra le même sort que toutes les mères. L'Église ne sauvera pas les siens parce qu'elle se persuade à tort depuis des siècles d'être le « ventre de Dieu », parce qu'**elle promet** d'enfanter la vie spirituelle des hommes. Elle-même d'ailleurs ne sera pas sauvée, c'est-à-dire que **son concept** n'existera pas dans la résurrection. Dans le monde-à-venir les ecclésiastiques mettront la main sur la bouche et seront stupéfaits, car l'Ekklésia confirmera une fois de plus qu'« avec l'amour maternel, la vie nous a fait à l'aube une promesse qu'elle ne tient jamais.[2] »

---

2 Romain Gary, *La Promesse de l'aube.*

La maturité spirituelle
ou La foi en l'impossible
Une lecture de l'Épître aux Hébreux 10$^{19\text{-}13}$

INTRODUCTION · La vision du Christ déployée dans l'ÉPÎTRE AUX HÉBREUX est une vision sacerdotale, intimidante et ésotérique, une vision qui nous garde sous l'aile du système thoraïque des réparations — le système expiatoire. En effet, l'auteur de cette épître glorifie le système sacerdotal et le porte aux nues. **Pour lui, la maturité spirituelle c'est comprendre ce système sacerdotal expiatoire et surtout comprendre que ce système est éternel.** Quant au Christ, il n'est qu'un rouage de cette mécanique, il n'est que la clef de voûte du système lévitique idéalisé et pérennisé. Dans sa démonstration magistrale, l'auteur de l'ÉPÎTRE AUX HÉBREUX a complètement subordonné le Christ à la TORAH.

Nous allons ici commencer par donner notre avis sur le thème de l'expiation en le développant et en le reliant ensuite à la Foi, pour expliquer notre vision de tout ce que cela entraîne, en nous basant sur les mots employés par l'auteur.

PREMIÈRE PARTIE
CAS DE CONSCIENCE

PREMIÈRE SECTION
Relation entre Expiation & Conscience

A · LOGIQUE INHUMAINE DE L'EXPIATION

Nous aimerions donc dans un premier temps revenir sur le sujet de la mécanique expiatoire. Pour résumer — l'expiation est une opération, un acte symbolique auquel il nous est demandé d'adhérer et par lequel, en dernier lieu, nous apaisons notre conscience. Mais l'acte expiatoire est d'abord censé payer pour une faute dans le but de donner satisfaction à une justice qui effacera cette faute après paiement. L'expiation est donc une transaction au cours de laquelle on paie symboliquement pour une faute, ce qui, d'une part, est censé rééquilibrer la balance d'une structure morale, et d'autre part, est censé produire un effet psychologique chez les personnes concernées.

L'expiation prend donc place au cœur d'un système. C'est un aspect important (nous l'avons longuement développé dans les causeries 16 & 17) car au travers de l'expiation, on nous demande de nous reposer à la fois sur l'accomplissement d'un acte (qui a valeur de transaction, d'échange), et sur sa légalité, c'est-à-dire sur le fait qu'il a été effectué dans les règles de l'art. Cela ressemble donc tout à fait à une formalité administrative.

■ OÙ EST LE PROBLÈME DE CE SYSTÈME ?

Ce système ne prend pas en compte la conscience humaine. Car oublier *dans sa conscience* est impossible. Le mal causé ou subi laisse des traces chez l'homme, dans son cœur, dans sa mémoire, dans sa réalité, bref **dans son existence**. Des traces et **des conséquences qu'aucune formalité administrative n'effacera jamais.**

En déclarant qu'au travers de l'expiation, tout est réparé, que tout est bien, le mécanisme manifeste un déni de l'existence humaine. Il force l'homme à s'aligner sur lui, il force un individu à s'identifier au système et à dire : « *Comme toi, Système, à travers cet acte j'ai retrouvé mon équilibre, je suis apaisé.* », alors qu'il n'en est rien dans la réalité de l'individu, alors que sa vie garde des traces du mal causé ou subi. Un homme ne peut pas devenir un système, il ne peut pas s'identifier à, s'aligner sur un système, comme l'impliquent la logique morale et la doctrine judaïque de l'expiation, reprise par le christianisme.

Pour un tel système, fautes et souffrances se réduisent à un problème arithmétique, comptable. Mais l'homme souffre et sa mémoire le fait souffrir. Il est un être de chair, de sang et d'esprit face à une mécanique aveugle qui le théorise et qui nie les particularités de son existence. L'être humain est TOUJOURS un cas particulier – avec une histoire particulière, des goûts, des sentiments, des idées, des rêves, etc. tous *particuliers* – il n'est pas généralisable.

Le système de rétribution et d'expiation n'efface les fautes qu'artificiellement, qu'administrativement. Mais les torts causés ou subis persistent à la fois dans le temps, où ils se sont déroulés, et dans la conscience de l'individu. La justice peut bien être satisfaite, les « justiciés » n'en gardent pas moins leurs blessures.

Ce dont l'homme a besoin, ce après quoi il soupire terriblement, c'est que le mal *ne soit jamais arrivé*. Ce système expiatoire n'offre pas cela. Il est un palliatif, une consolation qui permet de préserver un ordre général, collectif. Mais Dieu n'est pas ainsi. Le Christ est un Dieu de l'individu, pas du général. Ce que le Christ évoque c'est ce pouvoir d'annulation : un pouvoir sur le Temps. C'est quelque chose d'impossible. Et le Christ a prêché que rien ne nous serait impossible.

Il y a donc une relation étroite et problématique entre expiation et conscience. **La repentance ne permet pas l'oubli du mal.** Et c'est cette donnée qui compte réellement, celle de l'oubli, c'est-à-dire du temps, et plus exactement de notre incarnation dans un temps, dans une histoire.

B · PARENTHÈSE PHILOSOPHIQUE

I · LA RAISON PRATIQUE

Elle édicte les **principes normatifs** et les **valeurs** permettant de **juger les actes humains** selon les **BUTS QUE NOUS POURSUIVONS**. Elle ne vise pas à saisir le réel dans une théorie explicative.

Elle est donc **PRESCRIPTIVE** : elle établit ce qui doit être, *moralement, juridiquement ou politiquement...*que ce soit dans un cadre athée ou non.

II · LA RAISON THÉORIQUE

Elle dit « **CE QUI EST** ». Elle étudie les faits afin d'énoncer des **lois scientifiques** et d'expliquer *comment* ces Lois mettent en corrélation les faits du réel.

Elle est **DESCRIPTIVE**.

III · LA RAISON EST DONC DOUBLE

Elle écrit, en même temps, à l'aide de ses **DEUX MAINS RATIONNELLES**. Elle raisonne afin de connaître objectivement le *Comment* et le *Pourquoi*.

① **La Raison Théorique** veut connaître le réel **TEL QU'IL EST** : Comment fonctionne la réalité ? Quelles sont ses lois théoriques écrites dans l'invisible qui organisent la Nature ? L'homme est ensuite incapable de **réécrire** ces lois ; il ne peut que les utiliser. Impossible de vaincre la pesanteur par exemple, de réécrire sa loi, de marcher sur l'eau. Mais nous pouvons inventer un avion à l'aide d'autres lois naturelles déjà connues. Nous ne pouvons donc que **simuler** une autre réalité, mais c'est la Théorie qui règne en définitive.

② **La Raison Pratique** établit les normes pour juger le réel **TEL QU'IL DOIT ÊTRE** : *Pourquoi* tu dois faire ou penser ceci plutôt que cela ? Elle donne **un but** à l'homme. Elle lui dit la façon dont il **DOIT ÊTRE** afin que ses actes produisent la réalité recherchée.

Elle **définit** donc **LE PRIX** de l'existence humaine. Ce prix n'existe pas en théorie dans le réel, de façon objective comme existent les lois scientifiques de la Nature. Ce prix représente des valeurs *morales, juridiques, politiques*, et même *esthétiques*. Valeurs qui sont **subjectivement** définies par l'homme. Mais parce que notre intelligence les définit **AU NOM DE LA RAISON**, et logiquement, nous leur attribuons une valeur objective. De là l'**IMPÉRATIF**

CATÉGORIQUE du commandement moral. Le « Tu ne tueras point » est une vérité dite *éternelle* de même valeur qu'une loi mathématique. Ainsi, est-elle digne d'être gravée dans le marbre.

IV · L'EXISTENTIALISME

Il y a donc problème. PASCAL disait : « La raison a beau crier, elle ne peut mettre le prix aux choses ». Elle crie face à l'existence de l'individu. L'individu qui précisément n'est pas toujours d'accord avec la valeur que la Raison établit pour ses choix, ses affections ou ses actes particuliers.

C'est ainsi que d'autres courants philosophiques contestèrent cette prérogative de la Raison. Le **Positivisme**, par exemple (COMTE, 1857). Il estima que la connaissance ne peut établir de vérités qu'à propos des FAITS (les lois de la Nature), de **ce qui est**, mais non point à propos des VALEURS (les choix de l'individu, son affectivité...). C'est-à-dire qu'elle ne peut établir de vérités qu'en termes d'**objectivité**.

Partant de cette étincelle, c'est **la pensée existentielle** qui est en train de sourdre : Objectivité et Subjectivité évoquent soudain DEUX **réalités** totalement différentes.

La première, c'est LA CRÉATION. Tout est UN. Tout est uni dans une soumission à des lois objectives qui la régissent, mais des Lois qui sont en dehors de la Création, dira-t-on, puisque l'objet n'a pas **en lui** la force, l'intelligence ou la volonté pour intervenir sur les Lois.

L'autre réalité est celle de L'ENGENDRÉ. C'est celle du Sujet, de l'Être. Ici, c'est Lui qui formule ses propres vérités en définitive, selon ses choix, son affection, etc. : « **Je suis** l'alpha et l'oméga ; **je suis** le commencement et la fin ;

l'homme n'est pas fait pour la Loi. **Je suis** la vérité, le chemin et la vie, etc. »

V · PREMIÈRE CONCLUSION

Les Vérités de la Raison n'ont comme seule autorité que celle de soumettre l'Objet, non le Sujet. Ou plutôt, pour le Sujet, dans l'absolu de sa liberté, **c'est Lui qui est la vérité**, c'est lui qui formule les vérités et peut arbitrairement les modifier. Il réalise alors ce que l'objet et l'animal soumis appellent « un miracle ».

C'est donc l'Être qui a une double autorité, ou plutôt, toute l'Autorité. Et l'autorité de la Raison n'est pour lui qu'une autorité provisoire, une sorte de leurre qu'Il a lui-même établi. Les vérités sont des servantes missionnées pour organiser l'espace et le temps dans lesquels l'Être désire s'incarner, s'exprimer, etc.

C'est-à-dire que pour l'Être, en son intimité, l'autorité mathématique ou celle de la morale, celle de la Raison Théorique et de la Raison Pratique n'existent pas. Le bien et le mal n'existent pas. Ils n'ont pas de valeur. **L'Être n'a pas connaissance du Bien et du Mal.** Il ne se nourrit pas de son arbre. Seul compte pour lui, CE QU'IL VEUT : le meilleur.

Enfin, pour l'Être, il n'y a pas en définitive Deux réalités, mais Une seule. Les réalités suivantes : celle qui est à l'extérieur de lui et qui fait le travail ingrat d'organiser le réel, et la sienne propre, son intime – ces Deux-là sont **une seule et même Réalité**. C'est un Royaume dont il est le Roi ; et le Royaume, c'est Lui en vérité. Quand Il est là, quand il vient dans le réel, Il peut donc dire : « Le royaume est au milieu de vous ! »

VI · L'AMBIGUÏTÉ

Toutefois, pour la Raison, cette autre réalité de l'Être n'existe pas ! La Raison est donc derrière **un voile existentiel** qu'elle n'aperçoit même pas.

En outre, elle-même place **un voile** rationnel entre elle et le vivant qu'elle soumet ; UN SECOND VOILE. De son côté-là de ce deuxième voile, la Raison se croit divine et elle se présente sincèrement et honnêtement comme étant Dieu : la Vérité. Car pour elle, en dehors d'elle, l'Être libre est une chimère, un Rien : **le Néant**.

De même, de l'autre côté de ce Second voile de la Raison, du côté du vivant donc, ce même voile est connu, mais comme pour la Raison, n'existe pour le vivant **que ce voile**. Le premier voile existentiel, celui de l'Être, est pareillement inexistant à l'être vivant en tant que Créature soumise.

Il s'ensuit la chose suivante. Le vivant, au cours de sa soumission et à cause de la vision du voile de la *ratio* qu'il acquiert selon l'intelligibilité, cet être intelligent va dès lors viser à être parfaitement uni aux principes rationnels de la Raison, à être uni avec le Maître se trouvant derrière ce Voile. Avec **ce qui**, pour lui, est cet être tenant d'une main la Raison Théorique et de l'autre la Raison Pratique.

Il va donc tout mettre en œuvre pour **être en règle** avec le principe comptable des causes et des conséquences se trouvant derrière le voile, c'est-à-dire le principe des rétributions édicté par son Maître. Et s'il trouve un moyen parfait pour atteindre ce niveau de Justice, il sera alors parfaitement uni avec le Maître. Il le rejoint. Il déchire le voile. Il passe derrière le voile. En termes religieux, il dira qu'**il est sauvé**.

Tout le but de l'ÉPÎTRE AUX HÉBREUX consiste à **déchirer ce voile par le service du sacerdoce lévitique**. Un travail qui consiste, d'une part à être en conformité avec les lois de la Nature, et d'autre part à régler tout problème comptable en termes moraux.

VII · DUPLICATION DE LA RAISON

La Raison ne devrait donc avoir qu'**une main** pour écrire ses lois, mais elle prétend – et dans l'Histoire de la Philosophie depuis KANT, plus particulièrement – posséder **deux mains**, une double autorité : la Raison Théorique que sont les Sciences, et la Raison Pratique, c'est-à-dire la Morale. C'est pourquoi CHESTOV disait que « la raison est la sœur de la morale ». La Raison Théorique est la sœur de la Raison Pratique ; la Science et la Morale sont sœurs.

Mais **pourquoi la Raison a-t-elle eu besoin de se dupliquer ainsi ?** Parce que les Vérités objectives, les Vérités scientifiques ont eu besoin d'un secours. En effet, explique CHESTOV : « Impossible de garder *ratio veri* [**la Raison Théorique**] et de le défendre contre la liberté » (*A&J*, III, x). C'est-à-dire que le combat contre l'existentialisme est perdu d'avance pour la Raison théorique si celle-ci demeure seule. Vous aurez beau expliquer à un homme que telle équation mathématique ou telle loi génétique lui défendent d'aimer ceci, de faire cela, de choisir avec sa propre liberté quelle existence il veut développer, si tel est **son vouloir**, d'aimer ceci, de faire cela et d'exister de telle manière, c'est sa liberté d'exister qui vaincra en définitive. Il n'aura aucun scrupule à désobéir aux théories que la Raison Théorique tente de lui imposer.

C'est à cause de cette liberté existentielle que la Raison se dupliqua en Raison Pratique, qu'elle créa la morale. Et c'est ainsi, explique encore Chestov, que : « la raison parvint avec l'aide de la morale à faire taire l'*homme particulier.* »

On put enfin convaincre l'homme particulier qu'il lui était défendu d'aimer ceci, de faire cela, d'**exister** comme il l'entendait, lui personnellement, si cela sortait des cadres généraux que la Loi éthique Royale impose à la Race dont il n'est dès lors qu'un exemplaire. Avec habileté, on lui imposa cette fois ces tables de Loi, non à l'aide d'une Théorie scientifique, mais à l'aide d'une Raison Pratique, d'une Morale, Morale derrière laquelle se réfugie depuis la Raison. La Raison appela donc la Morale, la *ratio boni*, à son secours. Du haut de leur Sinaï lumineux, les anges lumineux de la Raison définirent ce que serait désormais pour chaque homme le Bien et ce que serait le Mal. Puis on grava sur pierre ces tables de la Loi éthique, c'est-à-dire pour l'éternité, au même titre que leurs sœurs : les lois scientifiques.

La Loi éthique reçut directement son autorité de la Raison. La Raison lui octroya la même force et la même autorité qu'elle accorde aux Lois Scientifiques tirées de la Nature. Depuis lors la Morale et la Science partagent le même trône, et l'ensemble cohérent est couronné comme étant la source et le principe de tout : le **Principe de la Création divine** : « Le sage devint le maître absolu de l'univers » (Chestov).

Soit donc, les deux mains du Dieu sont enfin opérationnelles. D'une main Il écrit CE QUI EST, en Théorie, de l'autre, **ce que chaque homme DOIT FAIRE**, en pratique.

D'une main, il CRÉE la réalité, avec les lois qui la régissent ;

et de l'autre il JUGE les hommes avec l'éthique. Le tout par un même principe rationnel : une théorie **causes / conséquences** et **récompenses / punitions**.

CHESTOV de conclure : « La morale monte la garde devant la vérité, et si elle abandonnait son poste, la vérité n'en réchapperait pas. » C'est-à-dire que la philosophie existentielle est cette « pierre rejetée » par la Raison alors qu'elle bâtit son empire, et à tout moment elle peut « devenir la principale de l'angle ».

VIII · LA CONSCIENCE : UN PROBLÈME

Revenons à présent à l'ÉPÎTRE AUX HÉBREUX. Tout d'abord, il est clair que la THORA avec le Sacerdoce Lévitique est l'une de ces Raisons Pratiques, l'une de ces Morales que l'homme a sculptées au cours des siècles. Certainement l'une des plus réussies.

La THORA est elle aussi un système comptable, **prescriptif** ; une prodigieuse machine pénale qui « met le prix aux choses », aux actes des hommes, à chaque instant de leur vie.

Or, voici que surgit un élément incontournable : **la Conscience**. Élément face auquel, me semble-t-il, l'auteur perçoit qu'il constitue une pierre d'achoppement à **tout son système**.

VOICI LES CINQ PASSAGES CONCERNANT
« LA CONSCIENCE » DANS L'ÉPÎTRE AUX HÉBREUX :

9^9 ...les offrandes et les sacrifices **ne peuvent rendre parfait sous le rapport de la conscience** celui qui rend ce culte...

9^{14} combien plus le sang de Christ, qui, par un esprit éter-

> nel, s'est offert lui-même sans tache à Dieu, **purifiera-t-il votre conscience des œuvres mortes**, afin que vous serviez le Dieu vivant !
>
> 10² Autrement, n'aurait-on pas cessé de les offrir, parce que ceux qui rendent ce culte, étant une fois purifiés, **n'auraient plus eu aucune conscience de leurs péchés** ?
>
> 10²² approchons-nous d'un cœur sincère, dans **la plénitude de la foi, les cœurs purifiés d'une mauvaise conscience**, et le corps lavé d'une eau pure.
>
> 13¹⁸ ...car **nous croyons avoir une bonne conscience**, voulant en toutes choses nous bien conduire.

Que veut dire l'auteur ? Pour le *décrypter*, nous avons dû faire une parenthèse **philosophique**, et nous allons petit à petit réaliser qu'il a eu un coup de maître ! En effet, survoler ainsi la question de la conscience est très habile de sa part, car ce concept est **tellement ardu et fin** que l'auteur sait fort bien que le lecteur moyen n'aura pas la capacité de le développer. Le lecteur ne pourra ainsi déceler le fait que le thème de la conscience est en réalité **un problème majeur** pour l'auteur : **il fait s'écrouler toute sa théologie**.

Il noie donc le poisson. Il nous demande de **le croire sur parole** ! Mais que dit-il au juste ? Pour répondre, aidons-nous d'un passage d'Hegel, puis nous recourrons au commentaire que Chestov en fait pour appuyer notre propos.

Hegel dans sa *Philosophie de la religion*, cité par Chestov dans *Athènes et Jérusalem* :

> Lorsque l'homme fait le mal, celui-ci est en même temps donné comme quelque chose qui en soi est nul, comme quelque chose sur quoi l'esprit a puissance, si bien que l'esprit a la puissance de faire que le mal ne

soit pas arrivé. Le sens du repentir et de la pénitence consiste en ce que le crime, du fait que l'homme s'est élevé à la vérité, est comme quelque chose qui est en soi et pour soi surmonté, qui n'a de soi aucune puissance, ce qui est arrivé étant fait ainsi non arrivé. **Ceci ne peut se produire selon une manière d'être sensible, mais selon une manière d'être spirituelle, intérieurement.**

HEGEL a donc le même problème que l'auteur de l'ÉPÎTRE AUX HÉBREUX :

① La Raison Théorique écrit l'Histoire, et de fait, jamais celle-ci ne peut être effacée. La Raison a fort bien établi qu'**il est impossible** que ce qui est arrivé ne soit pas arrivé.

② Mais cette même Raison théorique appelle la Raison pratique à son secours. Puis cette dernière formule l'idée du repentir, de la pénitence et de l'expiation. C'est-à-dire que selon cette Doctrine Morale – *doctrine* qui pour HEGEL est l'*esprit* – « le mal qui est survenu a été surmonté et ce qui est arrivé est ainsi non arrivé » dit-il. Mais cela « n'est pas arrivé » **selon l'Esprit** seulement, selon **la Doctrine**, insiste-t-il, et non pas « selon une manière d'être sensible ». L'Histoire, elle, demeure ce qu'elle est, pour l'éternité, car il ne faut pas offenser la Raison Théorique.

③ Soit donc, nous nous trouvons en pleine **schizophrénie**. Côté Recto, Raison Théorique : l'Histoire est immuablement et éternellement écrite. Mais côté Verso, par le repentir et l'expiation du Sacerdoce de la Raison Pratique, ce qui est arrivé est **COMME SI** ça n'était pas arrivé.

Pourquoi parler de schizophrénie ? Parce ce que — où se situe la conscience ? Où se situe l'**Existence humaine**, concrète ? Elle se situe des deux côtés de l'Histoire, séparée entre le côté recto et le côté verso de **ce qu'elle est**. Le Sacerdoce des Morales, des machines pénales du repentir, de la pénitence et de l'expiation crée tout simplement un Être schizophrène. L'Histoire de l'Être est éternellement écrite, mais il doit se persuader que, **sur le papier**, du côté de la Morale, son crime a été effacé. Il doit devenir un être *psychiatriquement* brisé, dont la conscience est fissurée en deux ; parfois dans les affres terribles de la culpabilité, et parfois dans l'idylle ensorcelée d'une chimère paradisiaque. Mais plus jamais il ne sera un être humain, un individu, un être entier, indivisible.

C'est pour cela que CHESTOV s'offusque alors et rétorque :

> Ici, comme cela arrive fréquemment à la lecture des œuvres de HEGEL, on se demande s'il dit vraiment ce qu'il pense, ou si, par son intermédiaire, c'est la **NÉCESSITÉ** qui parle, après l'avoir hypnotisé et métamorphosé en pierre douée de conscience.

Puis il commente de la façon suivante :

> Nulle force au monde évidemment ne peut faire que ce qui a été une fois n'ait pas été, et les crimes commis, mêmes les plus terribles, le fratricide de Caïn, la trahison de Judas, resteront commis pour l'éternité. Ils appartiennent au domaine de la raison théorique, et par là même ils se trouvent soumis au pouvoir de l'implacable **NÉCESSITÉ** qui ne se laisse pas convaincre. Mais il n'est nullement indispensable que ce qui a été une fois n'ait pas été dans le monde sensible et fini, de même que nous n'avons nul besoin des noces de Cana ou de la résurrection de Lazare. Car tout cela

rompt les rapports naturels et, par conséquent, fait violence à l'Esprit. De fait, la Raison pratique a trouvé quelque chose de bien mieux [une pirouette] : « intérieurement », « spirituellement ». Par le repentir, elle fait que ce qui a été n'existe pas.

On peut encore admettre que s'ils n'avaient pas connu le repentir, Caïn et Judas eussent oublié ce qu'ils avaient fait, et que leur crime eût été noyé dans le Léthé[1]. [il se moque]. Mais le repentir est précisément le repentir parce qu'il ne peut **s'accommoder de ce qui est arrivé**. [...]

POUCHKINE :
Le long rouleau de mes souvenirs
se déroule devant moi.
Et en lisant ma vie avec dégoût, Je tremble et maudis,
Je me plains amèrement et amèrement je pleure,
Mais je ne puis effacer ces lignes accablantes.

POUCHKINE n'a pas tué son frère, il n'a pas trahi son divin maître, mais il sait qu'aucune raison pratique, aucune vérité, même celle qui d'après HEGEL existait avant la création du monde, ne peut lui donner ce à quoi aspire son âme. Pouchkine jugeait autrement que HEGEL les noces de Cana et la résurrection de Lazare ; il ne lui semblait pas que les récits des Saintes Écritures dussent être soumis à la vérification de « notre pensée qui est le seul juge », et que la rupture des rapports naturels fût une violation de l'esprit. Pour HEGEL comme pour KANT, la foi ou ce qu'ils appellent « foi », **se trouve sous la tutelle éternelle de la raison**.

---

1 Le Léthê, *oubli*. Personnification de l'Oubli. Un des 5 fleuves des Enfers. Si une âme voulait revenir sur terre, dans un corps, elle devait devenir amnésique, effacer le souvenir de sa vie antérieure : boire les eaux du Léthé.

IX · CONCLUSION

L'auteur de l'ÉPÎTRE AUX HÉBREUX a exactement le même problème que KANT et HEGEL. Il a un problème lié à l'Existence, il a un problème **existentiel**. C'est sur l'Existence de l'homme qu'il achoppe et c'est elle qui fait s'écrouler toute sa théologie sacerdotale : « La pierre qu'ont rejetée ceux qui bâtissaient est devenue la principale de l'angle » (Mc 12^{10}).

C'est-à-dire que son principe fonctionne, sur le papier, mais que dans la réalité : « **le repentir est précisément le repentir parce qu'il ne peut s'accommoder de ce qui est arrivé** ».

Efforce-toi de te conduire selon ce que prescrit la raison pratique, la morale, et pour ce qui est de l'impossible, le Christ a réglé la dette – **sur le Papier**. Il est monté aux cieux, et lors d'une scène extraordinaire, dans le Temple de Dieu, il a payé à la rationalité pénale ce que tu dois. Si donc tu as encore mauvaise conscience, c'est que **ton existence pose un problème**. Tu manques de foi. Tu es coupable de tes crimes, et en plus tu es coupable de ne pas croire à cette scène expiatoire durant laquelle le Christ régla ta dette aux fonctionnaires de la Justice, là-haut, dans les cieux. Voilà l'exhortation de l'auteur de l'épître.

Toutefois, avec JOB ou PASCAL, mon existence répond : « l'expiation sacerdotale a beau crier, elle ne peut QUE me rendre schizophrène, parce qu'elle ne peut pas m'assurer que l'impossible aura lieu, c'est-à-dire que **la Raison sera totalement déchue de tous ses droits** ; que ce sera moi qui serai sur le Trône et que le *"ce qui a été jamais n'a été"* ne sera pas un principe doctrinal mais **une réalité existen-**

tielle ; non parce que la logique d'un système sera apaisée, mais parce que je recevrai un autre sang, une autre chair – une autre Nature.

Je sortirai de l'Histoire et je sortirai de la Race. Je serai un Fils de l'Homme, maître de la Loi. Je passerai derrière le voile, mais pas seulement derrière le voile de la Loi, mais aussi derrière celui de l'impossible, là où l'Homme est de nature divine et Fils de Dieu : « rien ne lui sera impossible ». En outre, le voile de la loi demeurera puisque mon royaume, ma réalité, ne sera pas chaotique mais sera administrée par mes serviteurs : les Lois – et cela, selon mon bon vouloir et sans que je n'aie en rien, moi, derrière le voile de mon intime volonté, à me justifier. »

En définitive, la théologie sacerdotale de l'ÉPÎTRE AUX HÉBREUX est incapable, comme d'habitude, de finir l'ouvrage.

Car voici ce que l'auteur aurait dû dire : « le Christ s'est présenté devant la Loi et le Sacerdoce Lévitique et leur a dit la chose suivante : "Jamais ton paiement n'aura lieu ; ton autorité est déchue. Je vais libérer l'Être de tes carcans. Je vais le ressusciter, le faire sortir de l'Histoire, de la nécessité, et je vais rire avec lui des dettes désormais impayées que tu lui as imposées en le torturant. Je vais lui donner Ma Nature, mon sang et ma chair. Et c'est précisément cette libération face à ton autorité qui est **un changement de nature** tel que *ce qui a été jamais n'a été* – en vérité ! Soit donc, toi, la Loi, **tu restes**, tu restes dans la réalité, tu imposes le voile à la réalité afin de me servir, mais lui, l'Être, il sort, car je retrouve mon fils. Et lui aussi tu le serviras désormais : tu organiseras le réel comme il l'entend, tu organiseras son Royaume, le Royaume des Cieux ; et lui aussi, tout comme moi, il ne se justifiera en rien des choses qu'il exigera de toi. C'est pourquoi la vie, là-bas, sera un miracle de sorte que le miracle sera aussi naturel que la logique l'est ici. De plus, tu te réjouiras d'avoir enfin un maître et de ne plus posséder le règne ; tu te réjouiras parce que ce sera désormais l'existence qui régnera, la Vie, la libre volonté, et non les systèmes de la connaissance logique et rationnelle." »

C · LA CONSCIENCE, UN GRAIN DE SABLE DANS LES ROUAGES DU SYSTÈME

Certains philosophes expriment avec amertume les affres de la conscience d'exister. EMIL CIORAN se lamente ainsi :

> Jadis, nous jouissions de tout, sauf de la conscience ; maintenant que nous la possédons, que nous en sommes harcelés et qu'elle se dessine à nos yeux comme l'antipode exact de l'innocence primordiale, nous n'arrivons ni à l'assumer, ni à l'abjurer.[2]

LUTHER souligne également le pouvoir suprême, l'emprise de la conscience humaine lorsqu'il dit que « la conscience est enclose de telle manière que, dans toute l'étendue du vaste monde elle ne trouve pas de lieu qui soit pour elle un sûr abri. »

Il ne s'agit donc pas d'un problème propre à l'homme postmoderne en manque de repères moraux ; c'est un problème propre à l'homme tout court, à la nature humaine. Car la conscience est **le propre de l'homme**.

D'autres philosophes, tel HEGEL, viennent avec leurs déve-

---

2 EMIL CIORAN, *La chute dans le temps*, ch. 1.

loppements intellectuels appuyer la théorie de l'expiation – nous l'avons vu dans le détail un peu plus tôt. Pour résumer, Hegel parle d'un effacement des fautes qui serait intérieur, spirituel, à l'aide d'une gymnastique de la conscience, conscience qui doit atteindre au Bien suprême, lui-même identifié à **la Vérité**. Il parle d'une véritable transformation de l'homme par le biais d'un conditionnement, de l'acquisition d'une seconde nature semblable au système moral. Par l'éducation, l'homme doit être transformé et agir conformément au Bien. Il saura faire la différence entre Bien et Mal aussi bien que le système lui-même.

Mais Chestov, qui le cite, insiste sur le fait, simple et évident, qu'on ne peut **effacer une seule ligne** de l'histoire de notre vie et que c'est là le malheur éternel de l'homme...

De manière éminemment perverse, le Christ a été fait otage de cette vision des choses. Lui qui est venu pour nous délivrer de tous les systèmes, s'est retrouvé inclus dans cette administration. On a fait de Lui une marionnette portant le système sur ses épaules, une sorte d'Atlas métaphysique. C'est le cœur du discours de l'Épître aux Hébreux, et celui du christianisme dans son ensemble. Cette subversion radicale du Christ aurait-elle eu autant de force et d'ampleur si l'Épître aux Hébreux n'avait pas été incluse dans le canon ?

Mais en vérité le **Christ n'a payé pour aucun péché**. Bien au contraire, il a montré aux hommes qu'il existait **une autre dimension** de la vie pour l'homme, pour l'individu. Et cela change tout, notamment par rapport à la Foi. Avant d'aborder ce sujet, nous faisons un détour préalable par la question de la conscience.

1 · LA CONSCIENCE & LE MYSTÈRE DE L'HOMME

Si l'auteur de l'ÉPÎTRE AUX HÉBREUX se dérobe dès l'instant où surgit le thème de la conscience humaine dans son discours, c'est parce qu'avec elle il rencontre le mystère de l'homme. Celui-ci est en vérité **semblable** au mystère de Dieu, et c'est le scandale qui fait chuter toute sa théologie.

1.1 · Tout d'abord, il faut rappeler une chose essentielle de l'Écriture : *aimer Dieu* et *aimer son prochain* sont inséparables ; et le fait d'*aimer* est rigoureusement synonyme de celui de *connaître*. Ainsi le souligne KIERKEGAARD : « Le malheur n'est pas l'impossibilité pour les amants de s'unir, mais l'impossibilité pour eux de *se comprendre* » (*Miettes*, chap. 2) – c'est-à-dire de *se connaître*. En somme, connaître l'homme et connaître Dieu sont un seul et même mystère. **On ne découvre pas l'un sans découvrir l'autre, et inversement.**

DOSTOÏEVSKI avait lui aussi vu cela, en témoigne ce qu'il écrivit à son frère dans leur correspondance : « L'homme est un mystère. Un mystère qu'il faut élucider et si tu passes à cela ta vie entière, ne dis pas que tu as perdu ton temps ; je m'occupe de ce mystère car je veux être un homme. »

1.2 · C'est la question de **la conscience** qui nous approche au plus près et simultanément du mystère de l'homme et de Dieu. Par quelle fenêtre et derrière quelle ouverture le monde, l'autre et soi-même se présentent-ils à la perception ? Par quelle porte Dieu et l'homme entrent-il dans l'existence ?

Nous ne croyons pas comme l'auteur de l'ÉPÎTRE AUX HÉBREUX que la solution consiste à **PURIFIER** la conscience par le paiement d'une punition. Ce type de théologie n'est somme toute qu'une théologie du purgatoire. Comme s'il suffisait de purger les profondeurs de l'être par le feu, par l'acide ou encore psychologiquement, par un sacrifice de substitution !

Cette approche punitive est dans une moindre mesure utile à l'enfant pour l'éveiller. Mais quand celui-ci devient un homme mûr, il découvre amèrement que cette mentalité des punitions ne marche plus. De même croyons-nous que la question de la conscience ne supporte aucun atermoiement. Elle doit être prise radicalement. Nous nous trompons tout simplement de porte pour percevoir l'existence. Il nous faut **TUER NOTRE CONSCIENCE** et entrer dans l'existence par une autre porte : celle que Dieu lui-même utilise.

Aussi rejoignons-nous KIERKEGAARD lorsqu'il affirme la chose suivante : « N'est-il pas enfin temps d'expliquer, que si les hommes se scandalisent du christianisme, c'est parce qu'au fond il est trop élevé, c'est parce que sa mesure n'est pas celle de l'homme, dont il veut faire un **ÊTRE SI EXTRAORDINAIRE**, que l'homme ne peut plus le comprendre. » (*Traité du Désespoir*, APPENDICE 1). Il faut que le mystère de l'homme soit celui de Dieu ; que l'identité de Dieu et de l'homme soient **en filiation** ! Hors de cela, pas de salut. Le reste n'est que religion, philosophie morale ou politique : du lait et non de la viande.

II · LA CONSCIENCE SELON DE L'ARBRE DE MORT

La conscience des hommes apparaît dès l'instant où ils se nourrissent du fruit de l'arbre de la connaissance du bien et du mal. Avant cette **transformation** de leur être « l'homme et la femme étaient nus et ils n'en avaient point honte » nous dit la Genèse (2^{25}). Mais après leur transformation : « leurs yeux s'ouvrirent et ils connurent qu'ils étaient nus » (3^7). Ils ont conscience d'**exister**. L'animal, lui, est resté totalement ignorant de sa nudité, il est incapable de se reconnaître dans un miroir. Durant ce processus intérieur, les hommes prennent donc conscience de leur intimité personnelle, de leur individualité. L'existentialisme est en train de sourdre. Le texte biblique a, comme beaucoup, compris que c'est à l'aide de la Raison que l'humanité développe sa conscience.

À partir de là, l'homme va DÉCRIRE sa réalité à l'aide d'une *raison théorique*, puis il va SE PRESCRIRE un comportement moral à l'aide d'une *raison pratique*. C'est-à-dire que les humains quittent le monde animal et se civilisent. Ils font leurs premiers pas dans l'existentialisme. Ils reçoivent un nom. Le mâle *ish* sera désormais *Adam*, et la femelle *isha* s'appellera *Ève*. L'**Homme** est né. Un être à qui l'on impose, non plus le seul fait de vivre, de boire, de manger et de se protéger des dangers de la Nature, mais celui d'**exister** : de s'opposer à la Nature. En vérité, il devra s'opposer à **sa nature même d'homme** et aller bien au-delà. L'existentialisme ne sera plus alors un problème raisonnable.

Mais pour l'heure, c'est un coup de tonnerre dans le monde animal. L'apparition de l'Homme, cet être mystérieux et éminemment supérieur, est pour la Nature semblable à la naissance d'un dieu.

Certes, pour l'homme du XXIe siècle le discours biblique apparaît à ce stade comme une banalité. Il y a pourtant une chose que dit le texte qui est absolument scandaleuse et révoltante. À savoir que ce processus est défini comme un processus de mort et de malédiction. C'est une tragédie irréparable nous est-il dit ; un échec impossible à effacer. **La conscience et la mort sont associées !** De même, la conscience déclenche un exil déchirant : l'humanité quitte l'Éden. CIORAN aurait-il raison : « l'inconscience est une patrie ; la conscience un exil »[3] ? Et faut-il devenir un être inconscient pour trouver un lieu paradisiaque où reposer sa tête ?

Mais revenons à l'origine de cet événement. Le serpent avait dit aux hommes : « Vous serez comme Dieu. » La Raison, cette intériorité de l'homme que l'auteur symbolise par un serpent, **propose une perspective de vie à l'humanité, un but** : *être comme Dieu*. Qu'on ne se scandalise pas, mais le serpent a raison, car c'est aussi le but de Dieu : Dieu veut communiquer à l'homme Sa nature. Où donc la Raison se trompe-t-elle, et par conséquent trompe-t-elle l'homme ? C'est dans **la représentation qu'elle a de Dieu**. Être comme Dieu suppose pour le serpent d'acquérir trois éléments essentiels. Nous nous limiterons à ceux-là seuls afin de ne pas déborder de notre sujet :

1 · Dieu est un être **suprêmement moral et raisonnable**. Il a une connaissance parfaite de la raison pratique et théorique. Il est une **CONSCIENCE OMNISCIENTE**[4]. Et il place celle-ci telle un **système** d'autorités qui doit dominer la réalité – l'arbre est *au centre* du jardin ! Raison et morale ont donc pour Dieu, *dans les yeux du serpent*, une valeur sacrée donnant à qui s'en nourrit le pouvoir

---

[3] EMIL CIORAN, *De l'inconvénient d'être né*.
[4] La conscience est le règne des dieux. C'est symboliquement dans l'Écriture « l'armée des anges » ; ce qui philosophiquement est compris comme le monde des idées pures, des vérités éternelles. C'est l'omniscience de la Raison et c'est Dieu perçu comme étant omniscient, omniprésent et omnipotent.

de se diviniser. Elles sont assimilées à la divinité, à son essence. Si Dieu devait s'incarner, explique en substance le serpent, il s'incarnerait comme un Être totalement imprégné de connaissances raisonnables, de vérités pures et éternelles. Dans ses veines coulerait, non du sang, mais de **la lumière** : la glorieuse connaissance.

2 · Dieu est de ce fait une **Unité absolue**. En lui, chaque existant est un membre de ce tout-Un, et ce tout-Un est en définitive l'Être même de Dieu. C'est ainsi que le général est au-dessus du particulier, de l'individu. Pourquoi donc l'individu devrait-il alors avoir conscience d'exister ? C'est pour avoir CONSCIENCE DE L'UNITÉ. Pour **servir** et rendre gloire au dieu-Un, à l'Un (l'*âme du monde* pour d'autres). En effet, c'est grâce à cette cohésion admirable de ses vérités raisonnables que le Dieu maintient en équilibre la Création, qu'il la sécurise face à la menace du chaos. Aussi mérite-t-il la louange, l'adoration et que chaque conscience le serve en se soumettant à ses lois pour asseoir définitivement l'Unité : **le but** de l'existence. C'est ainsi que pour le serpent, Dieu conçoit **la liberté** comme un danger. Il doit veiller à ce que l'existence individuelle n'échappe pas à l'autorité de la raison organisatrice et cohésive. La liberté sert ainsi à séparer les obéissants que sont les vertueux, des désobéissants que sont les pécheurs.

3 · Il s'ensuit que **l'intimité de Dieu n'existe pas**. Dieu n'est pas voilé. Il est UNE CONSCIENCE TRANSPARENTE. Dans ce jeu d'équilibre entre la conscience individuelle et la conscience de l'Unité, l'individu est toujours soupçonné à cause de sa liberté. La relation à Dieu se fait donc au prix du sacrifice de sa liberté. L'individu doit **tout révéler** de lui, prouver que rien en lui n'échappe à la pure connaissance du dieu-Un. Rien ne doit être caché, aucun

jardin secret ne doit se développer hors du contrôle de l'Un. Dieu est un grand corps appelant tout et tous à l'unité fusionnelle au sein de laquelle la moindre fissure doit être impossible.

En synthèse, le serpent présente Dieu comme UNE CONSCIENCE et non comme UN ESPRIT – c'est le point capital ! Une **Conscience omnisciente, transparente et unifiante**. Tout ce qui fait qu'un despote est un despote. Tout ce sur quoi est fondé un système totalitaire. Tout savoir, de tous, et tout soumettre. C'est le fondement de sa séduction, car à partir de là il enflamme l'homme à devenir lui aussi UNE CONSCIENCE INCARNÉE et non UN ESPRIT VIVIFIANT. La chute de l'homme, c'est d'être devenu **conscient** tandis que Dieu l'appelait à devenir **esprit**, de la Vie incarnée, un souffle de liberté. Un être qui aujourd'hui pourrait nous dire : « Je suis l'esprit. Je fais ce que je veux. Je souffle où je veux. Tu peux entendre ma voix mais tu ne sais pas d'où je viens ni où je vais (cf. JN 3[7]). C'est ce vers quoi renvoie l'Arbre de Vie que nous aborderons plus loin.

Il faut le répéter : le problème que relève le texte de GENÈSE 3 n'est pas celui de L'OBÉISSANCE. C'est celui de la représentation de Dieu, qui par ricochet définit faussement la conscience en la mystifiant, pour finalement la placer au centre de la vie. Elle devait être une domestique, elle devint maîtresse du Monde. La représentation de Dieu que l'homme reçoit du serpent implique d'infuser en l'homme une conscience telle **que sa volonté n'existe plus**, telle que sa liberté se fasse subrepticement avaler par la Raison. En devoir de réaliser l'Unité, l'homme ne peut rien cacher de lui et se doit d'être transparent à tous ; mais il se console par le fait qu'il aura un savoir parfait, qu'il recevra une pure conscience et baignera dans l'omniscience divine. La religion appelle cet état *la béatitude éternelle, la vision béatifique, le nirvana.* Le Christ l'appelait une géhenne. Dans cet état, la conscience, précisément enfin libérée des voiles de l'incarnation, peut illuminer l'être – elle le jure – de toute la vérité, rien que la vérité. L'homme est éternellement rongé par sa vérité, sans cesse brûlé au feu des lumières de la vérité raisonnable. Et pour combler son malheur, il a perdu toute possibilité de s'incarner.

Le piège est d'une finesse remarquable. On dit d'abord la vérité : « Tu auras la même nature que Dieu » ; puis on explique Dieu faussement, par la logique ; et par ricochet on transforme l'homme en ce qui n'est plus un homme. On l'enferme au fil du temps dans une fausse identité. On met d'abord à son cou, avec son consentement, les chaînes en or de la raison théorique et de la morale pratique – on le civilise. Puis on l'entraîne furtivement dans un puits sans fond en arrimant à l'extrémité de ses chaînes la masse de plomb de la conscience : l'éternelle servitude du **DEVOIR-SAVOIR**. Enfin, pour s'assurer sa fidélité et se prémunir de tout réveil de sa liberté, on le console, on l'anesthésie, on lui donne une certaine onction. On lui parle d'Unité, de Pureté, de Mérite, de Progrès, de Paix et de Bonheur, etc. Et cerise sur le gâteau, on lui fait croire que **L'ESPRIT DÉPEND DE LA CONSCIENCE**, et que c'est grâce au soin qu'il aura à la mettre en règle avec la loi que l'esprit lui sera assuré, c'est-à-dire qu'il obtiendra le Salut divin.

Bref, le « afin que tu sois comme Dieu » est devenu : « afin que tu sois comme ce faux Dieu ». L'homme rate ainsi le but de sa **transformation existentielle**. Il devient « pécheur », littéralement : *il rate le but*. Il est tombé dans une fausse représentation de lui-même : il est UN RATÉ. Tel est le vrai sens du mot « pécheur », non du fait que l'homme devient un être immoral de par **son faire**, mais parce qu'il est devenu un être raté de par **son être**. Il a raté son être. Être pécheur, c'est ne pas être ce que je suis. L'homme a péché parce que sa conscience d'exister librement s'est muée en une conscience de savoir-son-devoir.

Conscience est devenue omniscience. Impossible désormais de concevoir la Vérité dernière ou Dieu comme autre chose que de l'omniscience, de l'omnipotence et de l'omniprésence. La surprise, le nouveau, l'inconnu, le soudain... Tout ce qui est le propre de faire exister sa liberté sera évacué de la Nouvelle création que la Raison vient de mettre en mouvement. Dans ce nouveau monde tout sera calculé, catégorisé, pesé, mesuré – JUGÉ. Le confort sera certes total puisque le système logique, de par son exceptionnelle connaissance théorique et pratique, contrôlera tout : mais il sera totalitaire. Le bonheur selon la conscience du bien et du mal se doit de sacrifier le mystère, car la Raison hait les mystères et les inattendus de la liberté. On a donc jeté dans l'exil le mystère de l'homme et le mystère de Dieu. Ou plutôt, on les a résolus en les remplaçant par **le sacerdoce de la conscience** : il faut se purger du mal par l'expiation et s'élever vers le Bien. L'esprit est inaccessible et jamais plus de l'homme ne naîtra un fils de l'homme. Quant à la liberté, elle est devenue un canular, une fumisterie ; tu es libre si tu obéis.

III · L'ARBRE DE VIE

Ce n'est pas le serpent, mais Dieu qui en réalité révéla à l'homme et à la Nature que le but de l'existence humaine consistait à « devenir comme Dieu » : un **Esprit de Vie**. Il avait en outre averti l'individu du risque qu'il courrait si au lieu de l'Esprit il se tournait vers la Conscience holistique du serpent[5] : « Si tu deviens une conscience morale et raisonnable, tu mourras » lui avait-il dit.

C'est ainsi que le serpent glissa sur l'intention divine, induit en erreur par cette même intention divine. Il s'en saisit et la remodela selon **sa propre vision** du divin et du réel. Le serpent représente l'intelligence dans la pensée de l'auteur. On pourrait aussi traduire le terme par *le devineur, ce qui devine*. Or, deviner, c'est « découvrir par des moyens surnaturels ». C'est de cette façon que l'intelligence est d'abord perçue par l'homme. Elle est perçue comme un élément **fantastique** de la personnalité humaine tandis que les cinq sens restent simplement naturels.

Avoir conscience de la réalité par le toucher ou la vue est une démarche directe peu exigeante. Elle est animale. Mais avoir conscience du monde par la raison est une démarche **divinatoire**. Avec l'intelligence on ne va plus directement vers l'objet visé comme le fait l'œil par exemple. Il faut faire un détour. Il faut d'abord spéculer, deviner. L'intelligence

---

5 Cette conscience qui voit la réalité comme un Tout et seulement ainsi. Le choix des termes est riche : globaliste, universelle, générale, homogène, uniforme, etc. C'est toujours l'idée d'équilibre et d'harmonie qui revient. Sous prétexte de paix, c'est la conscience qui conduit le réel vers l'inertie, c'est-à-dire la mort. Parce qu'elle considère toujours qu'une idée, un acte ou une identité personnelle qui serait libre échappe à l'harmonie. Elle juge donc cette démarche comme une faute, un danger à sa paix.

est précédée d'intuitions avec lesquelles on conjecture, on présage, on augure. Le penseur ergote et pinaille d'abord, il ratiocine puis petit à petit philosophe. Et ce n'est qu'après de multiples circonvolutions et enroulements de pensées, tel un serpent, qu'il va enfin rationaliser son développement en un dogme logique « vrai pour tous, partout et pour toujours ». Un dogme qui aura donc toujours cette qualité holistique et universelle : totalitaire. C'est ainsi qu'il édicte, *urbi et orbi*, ses vérités quant à **la vraie** perception du réel qu'il faut avoir. Vérités éminemment plus élevées que celle des sens primitifs.

Le règne de la conscience qui va émaner de cette démarche intellectuelle sera dès lors un règne surnaturel et en vérité **inhumain**. D'une part, *la raison théorique* parlera sa propre langue mathématique pour décrire la conscience qu'elle a du monde ; et d'autre part, *la raison pratique* parlera ses langues sacerdotales et sacrées pour prescrire aux hommes la conscience morale qu'il leur faut acquérir pour entrer dans la béatitude. Impossible désormais de voir le monde autrement qu'avec les yeux des serpents : les sages, les philosophes, les scientifiques, les politiciens, les prêtres, les rabbins, les mollah, les brahmanes, etc. La conscience raisonnable a pris la barre. Elle décrit le monde tel qu'il est et elle commande à l'humanité ce qu'elle doit être. Et lorsqu'un serpent parle et enseigne un homme ou une foule, il dit toujours la même chose : « Vous serez comme moi. Car vous verrez le monde comme je le vois et vous l'envisagerez comme je le prophétise. » Un bon sage est un enchanteur professionnel.

La perspective de l'Arbre de Vie, c'est apprendre à ne plus regarder le monde et à l'envisager avec les yeux d'autrui ; mais **AVEC SES PROPRES YEUX**. C'est le projet de Dieu. Dieu dit donc : « Il y a une représentation de mon être que tu dois intérioriser, laquelle te donnera de devenir tel que je suis, de devenir mon **FILS** ; mais il y a une autre représentation de moi dont tu ne dois pas te nourrir. Celle-ci te ferait tomber dans l'état de **CRÉATURE**, d'un être soumis à la logique dualiste et systémique à laquelle j'ai soumis la Nature. »

Prendre de l'Arbre de Vie, c'est se nourrir de la nature même de Dieu : **LA VIE**. C'est intérioriser une représentation de Dieu directement donnée par Dieu. Une représentation qui entraîne donc vers une transformation de **même nature** que Dieu. Il y a dès lors **FILIATION** et Dieu n'est plus *Créateur* mais *Père*. Néanmoins, avoir la nature de Dieu ne signifie pas littéralement voir *avec les yeux* de Dieu, mais **voir avec ses propres yeux**. À savoir : être libre. Le projet de Dieu, c'est qu'on ne puisse Le voir qu'en le devenant ; qu'on ne puisse comprendre Sa liberté qu'en l'ayant précisément intériorisée pour soi-même, puis incarnée dans son propre royaume. La nourriture de l'Arbre de Vie est celle d'**une conscience absolument existentielle** de la vie.

Où se trouve l'intelligence dans cette perspective ? Elle se trouve dans un **milieu étranger**. La rationalité est étrangère par rapport à l'intimité, à l'essence de l'individu, c'est-à-dire à sa volonté. Le vouloir est caché à la raison parce que la volonté divine peut formuler l'impossible tandis que la raison en est incapable. « La raison doit reproduire *servilement* ce qui lui est *donné* et elle se reprocherait comme le plus grand des crimes toute tentative pour créer librement » disait CHESTOV (*A&J, Ignava ratio*). La raison, de par sa propre nature dogmatique et rigide, est donc dans un milieu étranger par rapport à Dieu. Sinon il aurait en lui une part psychorigide. Il serait en mesure d'avoir parfois des comportements intolérants et intransigeants venus du dogmatisme et de l'étroitesse d'esprit de la raison. Aussi rejette-il les serpents dans un milieu étranger par rapport à l'intime de ce qu'Il est. De façon allégorique, l'Écriture nous dit que « les anges se couvrent la face en présence de Dieu » (cf. ÉSA 62). Parce que l'ange représente précisément cette perspective où l'Être ne se révèle pas mais impose un commandement à la réalité objective. Ce sont bien les anges qui donnèrent à Moïse la TORAH (cf. GAL 3^{19}; ACT 7^{30}, 38 ; HÉB 22).

KIERKEGAARD a en outre évoqué cette position existentielle de la pensée de la manière suivante: « L'existence n'est pas sans pensée, mais dans l'existence la pensée se trouve dans **un milieu étranger**.[6] » Le rôle de la raison est donc fort simplement d'obéir à l'être-existant; de réaliser dans l'espace et le temps ce que sa volonté commande. D'organiser le réel afin que l'individu, qui est, lui, le régnant, puisse en jouir et le partager. Il s'ensuit que les sens de cet homme nourri des fruits de l'Arbre de vie sont, en terme de hiérarchie, placés au-dessus de son intelligence. La raison obéit pour préparer un espace dans lequel l'Être va ensuite s'incarner sensuellement, corporellement. Il se manifeste donc corporellement tandis que l'intelligence n'est que son ombre. C'est-à-dire que sa création est son: « pas encore là ». C'est pourquoi Dieu n'est perceptible ici-bas que par son ombre, par la raison théorique ou pratique, par la science ou le sacerdoce, par la conscience des lois et le devoir qu'on leur doit : par CE

---

6 Puis il ajoute : « C'est la pensée dans laquelle il y a un sujet pensant, et un certain quelque chose (au sens de quelque chose d'unique) qui est pensé, là où l'existence donne au penseur existant pensée, temps et espace. » (*Miettes*, IIe section, ch. III).

QU'IL N'EST PAS. Le Christ est venu pour abolir cette situation.

Il conduit l'homme vers l'Arbre de Vie, vers lui-même. Là où connaître Dieu n'est plus la conscience holistique au service de l'harmonie universelle, mais la conscience existentielle de la Vie individuelle, c'est-à-dire de la liberté ; la sienne propre et celle de l'autre. Là où connaître Dieu signifie le devenir, intérioriser Sa nature : boire son sang et manger sa chair.

IV · L'INCONSCIENCE DE DIEU

La conscience au sein de l'Arbre de vie s'appelle l'Esprit et elle est inconscience du bien et du mal. La conscience est ici un esprit de liberté où la liberté de l'autre a la même valeur que la mienne. Car exister c'est incarner sa liberté, et dans l'absolu, c'est l'incarner sans que rien ne soit impossible. C'est précisément ce que Dieu propose à l'homme dans cette allégorie de l'Éden. Dans ce monde des âmes nues, des êtres qui ne sont pas encore faits corps. Tandis que pour le serpent, vivre, c'est incarner le bien, et cela, dans le cadre du possible fixé par les lois de la raison.

C'est-à-dire que la liberté de Dieu n'est en rien motivée par une connaissance du bien et du mal, par une exigence raisonnable, par une loi morale. Lorsque le serpent regarde le vivant, il le fait avec les yeux de la conscience raisonnable et morale. Il nous compte, nous pèse, nous mesure. Il nous détaille. Il nous voit par division. Des molécules d'une part, et des instants d'autre part ; ceux-là même qu'il note dans une histoire chronologique en tant que compte-rendu judiciaire ; un procès-verbal minutieux gravé dans l'éternité. IL NOUS

JUGE. Lorsque Dieu regarde le vivant, il le fait avec des yeux moralement et scientifiquement inconscients. Il nous connaît, il nous comprend, il nous aime. Ce qui veut dire qu'il ne nous juge pas mais qu'**IL NOUS DISCERNE ABSOLUMENT**. Il sait notre vie dans son intégrité, dans sa somme. Il voit ma vie : ce que **JE SUIS**.

Pourquoi alors cette présence de l'arbre du bien et du mal dans l'Éden ? À qui est destinée la conscience du bien et du mal ? Elle est destinée à l'**EGO**, à celui qui a un nombril, un ombilic. C'est-à-dire à celui qui n'existe encore qu'au dépend d'une vie qui est extérieure à lui et dans laquelle il vient précisément puiser pour rester en vie. L'arbre de mort permet à l'ego de comprendre qu'**il n'est pas la vie** mais seulement une **âme vivante**, un corps vivant mortel. Le serpent lui dit la vérité quant à son vivant : « Tu n'as pas en toi l'oxygène et l'alimentation nécessaires à ton existence, mais tu les reçois par un cordon ombilical qui à tout moment peut être rompu. » L'ego n'est donc libre que dans la mesure du possible, celui des lois qui le relient à la vie et qui un jour l'en priveront. C'est ainsi que l'évocation de l'impossible est donnée à l'homme et que l'Arbre de Vie lui est suggéré. Le serpent prêche finalement le Christ malgré lui et contre lui-même, car le diable est toujours le diable de Dieu. Prendre de l'arbre du bien et du mal, c'est nécessairement un jour ou l'autre désirer l'impossible de l'Arbre de vie. C'est pourquoi la raison sert d'amorce, de déclencheur à l'inspiration, puis lorsque vient cette dernière, l'Esprit libère totalement l'homme des vérités raisonnables. La loi vient avant la foi, mais lorsque vient la foi, la loi est refoulée dans une autre réalité. Ou plutôt, la loi reste justement où elle est, et c'est l'homme de foi qui part. Quant à celui qui jamais ne s'approche du serpent, c'est tout simplement l'animal.

Se nourrir de l'Arbre de Vie est par conséquent l'occasion d'une rupture totalement incompréhensible à notre niveau. Le cordon se rompt mais l'homme ne reste pas enfermé dans la mort : **IL RESSUSCITE**. Il n'est plus dans une dépendance par rapport à la vie et aux lois du vivant, mais il devient la Vie même dont il est le Maître en toute liberté : rien ne lui est impossible. Il est libéré de sa conscience du bien et du mal, et il sera désormais celui qui définira arbitrairement ce qu'est le bien. Ce qu'il veut, voici le bien ; et ce qu'il ne veut pas, voici le mal. Et peu importe si tous les serpents et toutes les vérités lui disent le contraire.

Un tel homme ressuscité n'est plus un être vivant payant son tribut à la raison théorique et à la raison pratique. Il est devenu un **ÊTRE VIVIFIANT** pour qui la liberté de choisir sa vie et de définir lui-même quelles en sont les règles est une terre sacrée. C'est ainsi que la préoccupation principale de Dieu est d'engendrer de tels hommes. Des hommes ayant en eux cette même conscience de la vie et de la liberté ; c'est-à-dire l'Esprit. Lorsque Dieu soumet dans un premier temps l'ego aux lois, il livre l'homme aux serpents missionnés pour ce travail ingrat. Aussi CHESTOV a-t-il raison lorsqu'il dit que « c'est par la volonté divine que l'homme succomba à la tentation ». Mais lorsqu'enfin un homme est prêt à sortir, lorsqu'enfin sa révolte contre les serpents éclate, Dieu vient alors frapper à sa porte pour le faire sortir. Il le conduit à la rencontre de cette nouvelle nature dont le Christ fut l'incarnation : « Il appelle par leur nom les brebis qui lui appartiennent, et il les conduit dehors » (cf. JN 10^3).

C'est pourquoi le Christ a été de son vivant la représentation parfaite de l'être-à-venir dont l'Arbre de Vie est la prophétie. La seule présence du Christ produit de la vie. Par sa seule volonté et par sa seule parole il peut annihiler toute anomalie dans l'existence. Le Christ nous a montré ce qu'est l'être lorsqu'il est, non pas un **être vivant**, mais un **ÊTRE-VIE**, un être qui vivifie[7].

Ici, c'est l'individu qui fait son histoire, il ne la subit plus. Vaincre la mort, c'est vaincre l'Histoire. L'être se montre comme « le commencement et la fin », « l'alpha et l'oméga ». Il est maître des lois et maître du temps. Aucun système ne règne plus sur lui. Il s'ensuit qu'il peut réellement « faire en sorte que ce qui a été jamais n'a été » parce que l'histoire ne s'impose plus à lui comme un système auquel il doit obéir. **Ce n'est pas l'expiation qui sauve, c'est de boire le sang de la vie** afin un jour d'entrer dans la résurrection : dans une autre nature qui nous rendra plus vivant que jamais nous ne pourrons l'être.

Le « ce qui a été jamais n'a été » ne sera pas un acte administratif, cette réparation de papier qui cherche à plaire au sacerdoce de vérités incréées. Ce ne sera pas ce placebo virtuel, cette métaphysique religieuse dont on convainc à coups de sermons l'être vivant que la chose existe quand toute sa chair et son sang lui disent le contraire ; quand le philosophe même reconnaît que la chose est impossible, irréalisable : qu'elle ne peut pas « se produire de manière sensible ». Le « ce qui a été jamais n'a été » sera **réellement** effectif parce que j'aurai bu une autre nature ; parce que j'aurai revêtu un

---

[7] Cf. 1 Co 15^{45} : « Le premier homme, Adam, devint une âme vivante. Le dernier Adam est devenu un esprit vivifiant. »

corps qui ne portera pas les cicatrices de mon premier corps ; parce que ma conscience raisonnable aura été vaincue et que ma vie se déroulera désormais dans une autre dimension de l'être. Parce que l'impossible se réalisera, cet impossible dont aucun système ne peut rendre compte. Mais par-dessus tout, parce que le Christ m'aura donné la force et l'intelligence spirituelle pour me révolter **contre le système expiatoire**.

C'est ainsi que le Christ choisit des hommes que n'importe quelle conscience raisonnable jamais ne choisirait. Le choix du Christ est, du côté de la Raison, un choix toujours absurde. Et toute sa liberté est toujours absurde. Dieu sauve par la folie et il faut rentrer dans la folie pour entrer dans le monde-à-venir (1 COR 11$^{8\text{-}25}$).

Surgit alors un problème de **définition de la foi**, et ce problème consiste justement en ce que le religieux veut définir la foi rationnellement, alors que celle-ci ne peut se définir par des standards logiques : la foi ne veut pas présenter ses preuves – parce qu'elle est la foi.

DEUXIÈME SECTION
La Foi, un problème de définition

On a vu que pour l'auteur de l'ÉPÎTRE AUX HÉBREUX, la Foi a pour objet ce système de rétribution et d'expiation, sa perfection formelle, logique, et le fait que tout aurait été accompli par Christ. C'est-à-dire que le système serait enfin en équilibre, pour l'éternité. Et nous pouvons nous appuyer sur ce système enfin parvenu à sa perfection et à ce qu'il nous promet. Nous recevrons le Bien, nous demeurerons dans la

Cité des Élus, etc. à condition que nous persévérions dans cette logique du Bien et du Mal qui nous oblige à œuvrer pour le Bien, à lutter contre le Mal et à s'appuyer sur la grâce de Celui qui a accompli le sacrifice mystique de substitution pour **TOUTES** les fautes. Il sera notre aide pour accomplir ce que nous sommes incapables d'accomplir dans nos limitations d'homme.

Il faut le répéter : dans l'ÉPÎTRE AUX HÉBREUX, **la foi** a pour objet un système. Il nous est demandé de **CROIRE** en un mécanisme. Une machine divine, nous dit l'auteur, qui avait déjà commencé à se révéler dans le culte et la théologie lévitique, mais de façon encore imparfaite. Son culte, dit-il, n'était alors qu'une « image et une ombre des choses célestes, selon que Moïse en fut divinement averti lorsqu'il allait construire le tabernacle : Aie soin, lui fut-il dit, de faire tout d'après **le modèle** qui t'a été montré sur la montagne. » (8^5). Le but de l'auteur de l'ÉPÎTRE AUX HÉBREUX, c'est de nous **révéler ce modèle**. De nous montrer le système dans ses racines, de nous faire monter à la source : dans les secrets de l'extraordinaire logique divine. Et ainsi, prétend-il, si nous croyons à sa révélation, nous entrerons dans **la maturité spirituelle**.

Ce système sacré permet donc au divin – là-haut, dans les lieux célestes – de gérer à la perfection la Justice du bien et du mal par un dispositif angélique et complexe de récompenses et de punitions. Que vient alors faire le Christ dans ce développement ? C'est fort simple explique l'auteur. Il vient, main dans la main avec le divin, effacer l'ardoise, la dette monumentale que nous réclame cette administration divine et qu'il nous est impossible de payer. Mais – **ATTENTION** !

Il ne s'agit pas là de discréditer ce dispositif spirituel, de le désapprouver, et encore moins de le **condamner**. Tout au contraire ! Il s'agit là de le légitimer ! Bien plus. Il s'agit de le légitimer POUR L'ÉTERNITÉ !

En effet, par son sacrifice, le Christ serait réellement monté dans les lieux célestes pour payer la dette des hommes. Au cours d'une scène magistrale qui s'est déroulée dans les cieux, il aurait DIRECTEMENT PAYÉ AU SYSTÈME notre endettement condamnatoire ; nous rendant ainsi innocent, c'est-à-dire comptablement en règle. Le Messie reconnaît ainsi, avec Dieu, que l'appareil judiciaire est légitime, sacré et divin. Or, c'était ici le dernier recours possible, nous explique l'auteur. Quiconque refuse cette grâce est dès lors damné : il sera refoulé dans l'enfer. Il n'y a plus, pour de tels cas, d'échappatoire. Désormais, il n'y aura plus aucune possibilité de contourner la Justice divine. TOUT A ÉTÉ FAIT ! Le Christ vient donc couronner le système de gouvernement judiciaire du divin par la THORA. Et cela : pour l'éternité !

Le Christ sert ici d'agent double en réalité ; une sorte d'espion spirituel. On lui fabrique d'abord **une légende** d'amour et de bonté en se servant de son sacrifice – fait historique. Puis à cette légende on ajoute la puissance divine en se servant de sa résurrection – fait tout aussi historique. Mais en réalité, dans la perspective de cette philosophie religieuse, le Christ est UNE TAUPE du système lévitique, un mouchard au service de la justice thoraïque. Il n'hésitera pas une minute à nous cafarder auprès du système si nous refusons son paiement : si nous choisissons de **ne pas croire en lui**. Il sera donc, pour l'administration divine – le Héros. Celui qui en venant parmi les hommes, d'une part, a servi de sceau à la

Loi, d'autorisation finale pour jeter dans la damnation ceux qui rejetteront et condamneront la théologie lévitique ; et d'autre part, pour ceux qui croiront, il sera la porte d'entrée vers une nouvelle nature, mais une nature totalement inhumaine : l'être-obéissant-absolu.

Il s'agit en définitive de **vider l'homme de son existence** individuelle, c'est-à-dire de sa libre volonté. *Ou bien* on le désincarne : il ne peut plus corporaliser son existence et doit errer en tant que conscience désincarnée ; *ou bien* on le transforme en une espèce d'ange, d'entité mystique, une sorte de conscience pure ne sachant rien faire d'autre qu'obéir. Une machine à chanter de manière répétitive et pour l'éternité : « Saint, saint, saint est le système, la justice divine, le dieu et son agneau expiatoire. »

La foi au Christ, selon l'ÉPÎTRE AUX HÉBREUX, c'est la foi au système logique de la THORA qu'on a déguisée d'un habile vêtement d'amour et de bonté. Mais en vérité, sous une fausse représentation d'agneau sacrificiel au service de la THORA qu'on a faite du Messie, et sous un romantisme de l'amour et de la puissance divine, jamais la Justice du bien et du mal ne fut aussi dure, impitoyable et inhumaine. Cette foi-là est la même que celle définie par les fondamentalistes de l'ANCIEN TESTAMENT, mais elle est désormais élevée jusqu'à son summum. Elle est une foi fondée sur les preuves logiques de la raison morale – cette fameuse *raison pratique* kantienne, et plus particulièrement sur la preuve dernière, l'impitoyable preuve du suprême sacrifice expiatoire : l'agneau annoncé par le sacerdoce lévitique venu pour rééquilibrer tous les comptes.

C'est une foi pour qui le salut est, de toute façon, lui aussi, une condamnation, car elle condamne notre nature d'homme à se rendre la plus inhumaine qui soit. En effet, elle suggère une transformation définitive de l'être, mais une transformation qui doit réifier l'homme, le chosifier ! La volonté et la liberté humaine doivent être annihilées. Seul compte d'obéir à la Loi. Cette Loi qui, par « grâce », aurait pourvu à notre dette en envoyant son plus éminent émissaire. Et cela, non par amour de notre liberté et pour l'étendre, mais pour nous permettre désormais d'obéir au système en toute bonne conscience sans ne plus rien lui devoir. Lorsque l'auteur de l'ÉPÎTRE AUX HÉBREUX dit « foi », **lisez donc plutôt « obéissance »**. Ce n'est pas de la foi, mais de la soumission, et au mieux, un héroïsme de la soumission.

UNE FOI ATHÉE

Ce qui étonne ici, c'est que la substance de cette foi-là est exactement la même que celle véhiculée par toutes les religions et même par l'athéisme. C'est une activité humaine qui est fondée sur **LA PREUVE**, certes, une preuve plus ou moins différée, mais le principe de **voir pour croire** demeure ici. En effet, se référer à une structure logique et à ses lois de causes et de conséquences, c'est croire par preuve – exactement la manière qu'a l'athéisme de revendiquer ses vérités. Toute logique, qu'elle soit théologique ou athéiste, c'est **LE SOL**, c'est cette solidité que réclame tout homme afin d'éviter le grand défi que lui lance l'existence avec sa soif de liberté. Le défi de marcher sur l'eau, de déplacer des montagnes... de ne plus avoir à se confier en la raison. Le défi par lequel il s'agit de devenir fou aux yeux de tous. La logique d'un système sacerdotal, celle d'un système astronomique ou encore écologique, c'est une logique qui puise sa substance au même endroit : au pied de l'arbre du bien et du mal, à l'école du serpent. C'est là-bas qu'est forgée cette fameuse **PREUVE** qui rassure tant, ce bien-être mental qui permet à l'individu de ne jamais avoir à croire en l'impossible.

De même en est-il de la résurrection. Si une logique systémique me dit que la résurrection est possible, il s'ensuit que ressusciter n'est plus un impossible, et que croire en une vie après la mort ne diffère en rien de croire à la loi de la pesanteur. Or, voici, l'auteur de l'ÉPÎTRE AUX HÉBREUX nous assure avec force raisonnements que **la résurrection est logique.** Ressusciter est une **CONSÉQUENCE RATIONNELLE** au sein du système sacerdotal, tout comme je crois et agis en conséquence du fait que, *hic et nunc*, ce sont des lois invisibles et cachées qui ordonnent la réalité. De même y a-t-il des lois judiciaires sacrées et cachées dans les lieux très-haut. Celles-ci m'assurent que si mon paiement à leur égard a été effectué, une vie après la mort me sera automatiquement accordée. Les mathématiques ici-bas ne sont en définitive qu'une « image et une ombre » des mathématiques célestes. Et dans cette perspective, le Christ est le coup de maître qui **résout la variable**, l'inconnue, à savoir – les choix arbitraires de notre volonté individuelle nous entraînant vers la désobéissance. Incorporer l'équation messianique, c'est donc **se libérer de sa liberté** ; entrer dans le confort, le shabbat de l'être-obéissant-absolu. Voilà la foi selon l'ÉPÎTRE AUX HÉBREUX !

LA FOI OU LA SECONDE DIMENSION DE LA PENSÉE ——

Jean-Jacques Rousseau, dans son *Discours sur l'origine de l'inégalité parmi les hommes* (PARTIE I), écrit la chose suivante :

> ...**la nature seule** fait tout dans les opérations de **la bête**, au lieu que **l'homme** concourt aux siennes, **en qualité d'agent libre**. [...] C'est ainsi qu'un pigeon mourrait de faim près d'un bassin rempli des meilleures viandes, et un chat sur des tas de fruits, ou de grain, quoique l'un et l'autre pût très bien se nourrir de l'aliment qu'il dédaigne, s'il s'était avisé d'en essayer. C'est ainsi que les hommes dissolus se livrent à des excès, qui leur causent la fièvre et la mort ; parce que l'esprit déprave les sens, et que **la volonté parle encore, quand la nature se tait**.

Selon Rousseau, c'est **la liberté** qui différencie l'homme de la bête. Tandis que la bête est programmée par la Nature pour se soumettre à ses lois, l'homme a, lui, cette extraordinaire capacité d'affirmer sa liberté. « La nature commande à l'animal qui obéit, mais l'homme est libre d'acquiescer ou de résister », dit-il en substance un peu plus loin. C'est-à-dire que « notre volonté **parle encore** » quand la Nature, elle, a cessé de parler ; lorsqu'elle a fini de proclamer **ce qui est bien et ce qui est mal**. Ainsi nous est-il donné de désobéir à ses ordres. Nous sommes fondamentalement une race de désobéissants.

Toutefois, cette *qualité d'agent libre* est pour l'homme une occasion de chute nous explique Rousseau : la liberté peut « causer la fièvre, la mort et la dépravation », car « les hommes dissolus se livrent à des excès ». C'est-à-dire qu'ils ne savent pas assumer leur liberté. Ils s'en servent à leurs dépens et tombent ainsi dans toutes sortes d'injustices.

■ PREMIÈRE DIMENSION DE LA PENSÉE

Nous voici donc obligés de faire **un pas en arrière**. Il nous faut encadrer notre liberté en la soumettant à un programme du bien et du mal. C'est-à-dire qu'il nous faut – si besoin est – amputer notre liberté afin qu'elle ne nous fasse pas tomber dans *la fièvre, la mort et la dépravation*. La bête ne serait donc pas si bête ! Le programme naturel du bien et du mal qu'elle suit, certes, par instinct, lui évite somme toute de tomber comme nous dans *la dissolution*. Il nous faut donc, dans une certaine mesure, imiter la bête. Nous nous conformerons, comme elle, à **un système du bien et du mal** ; mais à la différence que nous le forgerons nous-même à l'aide de *la Raison pratique*[8] au lieu d'avoir recours à l'instinct. Ce sera donc la *raison pratique*, la morale qui nous sauvera de *la dissolution* et de *la dépravation* qui nous guettent ; elles qui sont à l'affût et tapies à l'intérieur même de nos libertés.

Il s'ensuit que si ROUSSEAU avait voulu faire preuve d'honnêteté au lieu de se dissimuler, il aurait clairement affirmé sa pensée de la manière suivante : « Notre volonté parle encore quand la Nature se tait, mais la Raison parle encore plus fort et fait taire notre volonté. » C'est toujours la raison qui doit avoir le dernier mot.

La différence entre l'homme et la bête est dès lors la suivante : l'homme est en danger de par une liberté que la bête n'a pas, mais il peut vaincre ce danger en se soumettant

---

8 *Supra*, p. 68 et suivantes.

à la raison. Quant à cette machinerie raisonnable du bien et du mal, la bête ne peut la concevoir autrement que par instinct tandis que l'homme la détient de façon éminente : directement dans **sa conscience**. De fait, lorsque le TALMUD explique que les anges sont des « bêtes sacrées », nous voici dans la même idée : l'homme est appelé à devenir **UNE BÊTE SACRÉE** : un animal intelligent. « Le plus rusé de tous les animaux » nous dit le texte biblique en parlant de façon allégorique du serpent (cf. GEN 3[1]). L'homme doit transformer sa nature pour devenir *un devineur*[9], un serpent rusé, cet être éminemment intellectuel et moral, observateur aguerri de la réalité, cogérant avec la Nature des lois physiques et éthiques du Monde : l'alter ego des dieux. C'est-à-dire que son existence doit **directement être programmée** par la raison au lieu, comme la bête, d'être programmée de manière brutale, archaïque et sans la divine conscience : par les instincts sauvages.

C'est ainsi que la **PREMIÈRE DIMENSION DE LA PENSÉE** est établie en royauté. Et l'homme est « invité » à y entrer pour recevoir des dieux eux-mêmes une part de l'autorité qu'ils ont sur la Nature. Il deviendra lui-même un rouage à l'intérieur de ce prodigieux mécanisme scientifico-éthique. Son représentant terrestre en réalité : l'être-obéissant. L'astuce est magistrale. Elle est en vérité une tentation et une chute.

En effet, après avoir simulé une passion pour la liberté en présentant celle-ci comme *une qualité*, voici qu'elle est devenue l'arme de prédilection des diables ; quasiment le Diable en personne. La liberté est précisément l'argument majeur

---

9 *Supra*, p. 92 et suivantes.

pour établir comme Roi la première dimension de la pensée, celle qui au cours des siècles produira des systèmes du bien et du mal à n'en plus finir. « La liberté conduit à la dissolution et déprave l'homme » nous a-t-on dit ; « il faut absolument insérer en l'homme un programme du bien et du mal auquel il se soumette. Il faut ainsi l'empêcher de se livrer aux excès inhérents à la liberté ». Ainsi parle le philosophe genevois et avec lui tous les prophètes du bien et du mal.

La perspective d'être totalement **déprogrammé**, de ne plus être cette *bête sacrée* qu'est l'animal intelligent, de ne plus être un homme, de ne plus être de cette race, mais de devenir un *fils de l'homme*, c'est-à-dire de ne concevoir l'existence que par sa liberté – voici une SECONDE DIMENSION DE L'ÊTRE qui est soudainement et définitivement sacquée. Le fils de l'homme est mis hors jeu. Bien plus. Les serpents de tous les temps useront de tous les artifices possibles et de tous leurs talents pour faire **reculer** le Fils de l'homme et l'enclore, lui aussi, contre sa nature, dans la première dimension de la pensée. Ils le mettront à genoux au pied de l'arbre du bien et du mal. L'auteur de l'ÉPÎTRE AUX HÉBREUX n'échappe pas à cette critique.

Revenons toutefois au concept de liberté. – *Rien ne se perd dans la Nature...mais tout se transforme*, disait LAVOISIER. La première dimension de la pensée va donc conserver le concept de liberté, mais elle va totalement le dévoyer. Elle va dénaturer la liberté pour ne faire d'elle qu'un succédané de la volonté. Elle va la vider de son sang. Être libre, ce sera désormais *le choix d'obéir ou non au programme de la raison*. La liberté sera donc recyclée comme prête-nom de la raison. Elle ne sera qu'un instrument à son service. Elle servira à affirmer sa croyance, sa soumission à l'égard de ce que les tables de la loi prescrivent.

■ LA FOI : ÊTRE LIBRE DE CHOISIR SON SALUT

La philosophie sacerdotale célébrée par l'ÉPÎTRE AUX HÉBREUX va exactement dans ce sens : « Je te prescris d'aimer l'Éternel, ton Dieu, de marcher dans ses voies, et d'observer ses commandements, ses lois et ses ordonnances [...] J'ai mis devant toi la vie et la mort, la bénédiction et la malédiction. CHOISIS la vie, afin que tu vives... » (DEUT 30$^{16-19}$).

Aimer Dieu ; avoir foi en lui ; obéir ; être libre... Voici des catégories qui dans la phraséologie lévitique deviennent quasiment des synonymes. *Foi, liberté* et *obéissance* se mêlent et s'entremêlent pour n'être plus qu'une soupe théologico-mystique. L'ambiguïté est telle qu'une mère n'y retrouverait pas ses petits.

C'est le processus évoqué plus haut qui nous permet de clarifier toute ces ambivalences. En cela nous reconnaissons que la foi ainsi rattachée à *la première dimension de la pensée*, c'est-à-dire à une doctrine du bien et du mal, à un sacerdoce dans lequel l'expiation ne sert qu'à un calcul mathématique rééquilibrant les balances comptables du bien et du mal – que cette foi-là est simplement UN CHOIX. Elle est un choix en forme d'ultimatum où l'homme est mis face à une vérité dualiste déjà existante : le « ou bien, ou bien ! » Ce n'est pas l'individu qui ici définit la vérité, et à aucun moment il ne lui est proposé de pouvoir dire : « Je suis la vérité ». La vérité existe déjà et sa prodigieuse astuce c'est de se proposer comme double, comme une vérité gémellaire : positive ou négative. « Ou bien tu obéis à la vérité et tu es sauvé ; tu prospères et tu gagnes ; ou bien tu désobéis à la vérité et tu es perdu ; tu te ruines et tu échoues ! » Tout système raisonnable fonctionne de cette manière ; en forme d'alternative d'un « *ou bien, ou bien* » avec les répercussions qui s'y rattachent. Promesses du bien avec ses bénédictions d'un côté, et menaces du mal avec ses malédictions de l'autre.

Or voici, l'Histoire nous montre que la raison propose aux hommes deux variantes de son système ; deux façons pour eux d'exister à l'intérieur de cette première dimension de la pensée : l'une qui est DURE et l'autre qui est COULANTE. Dans la première technique, les choix de faire le bien ou le mal que l'homme aura mis en œuvre au cours de sa vie auront non seulement des répercussions dans l'ici et maintenant, *hic et nunc*, mais aussi après sa mort : *post mortem*. Dans la seconde technique ses choix auront uniquement des répercussion dans l'ici et maintenant. Dans la première variante, on parlera d'un système *théocratique*, parce que la raison incarne son pouvoir dans une entité invisible qu'elle nomme « Dieu », et parce qu'elle délègue ce pouvoir humainement dans ce qu'elle nomme l'Église avec ses magistères. Dans la seconde variante, on parlera d'un système *démocratique*, parce que la raison incarne son pouvoir en le nommant « Peuple », et parce qu'elle délègue ce pouvoir humainement dans ce qu'elle nomme l'État avec ses représentants élus.

Avant que l'individu ne choisisse face à l'alternative du *bien et du mal*, il doit donc au préalable décider quelle doctrine du *bien et du mal* il écoutera : celle du Dieu avec son Ekklésia, ou celle de l'État avec sa Nation. S'il choisit **le système dur**, celui du Dieu, on dira qu'il a « la foi », parce que sa soumission aux lois auront des conséquences post mortem qui sont impossibles à prouver ici-bas : le salut ou la perdition. Si par contre il choisit **le système coulant**, celui de l'État, on ne parlera pas de *foi*, mais simplement de l'*expression de son libre arbitre*, parce que sa soumission aux lois ont normalement des conséquences immédiates : une citoyenneté épanouie ou la sanction par la Justice de son pays.

Dans tous les cas, nous parlons en vérité et très exactement d'une *expression du libre arbitre* de l'homme face à l'ultimatum du bien et du mal que propose la raison. Si l'un prend le nom de « foi » c'est parce qu'il diffère sur **un seul point** : la notion de répercussions *post mortem* en conséquence de son choix. C'est-à-dire LE SALUT. C'est alors que la foi, le libre arbitre, l'obéissance et l'amour pour le divin s'entremêlent joyeusement. Les quatre termes sont en vérité synonymes. Ils sont quatre façons d'exprimer la même chose. À savoir que LA FOI N'EST QU'UN CHOIX RAISONNABLE. La foi est ce choix qui consiste à livrer son existence à une logique de la raison lorsque celle-ci brûle ma conscience avec une vérité du bien et du mal dont les conséquences sont admises comme étant non seulement **temporelles**, mais aussi **éternelles**.

Quoi qu'il en soit, le libre arbitre est enchaîné à la raison et à sa vérité jumelle. Il ne peut que décider entre la vertu et le vice, entre la vérité du malheur et celle du bonheur. La raison a vaincu la liberté qui ne peut échapper à la vérité dualiste de la logique. Elle ne peut s'évader de cette *première dimension de la pensée* à l'intérieur de laquelle elle est emprisonnée. La liberté ne peut accéder à *la seconde dimension de la pensée*. C'est-à-dire qu'elle ne peut édicter ses propres vérités, hors de la vérité du bien et du mal, au-delà des lois par lesquelles la raison dirige le Monde. Notre liberté ne sait plus ce qu'est

LA FOI : LA VÉRITABLE FOI.
Nous voici donc avec un succédané de foi, un placebo. Une foi que nous croyons faussement être la Foi. Elle n'est en vérité que l'expression de notre libre arbitre coincé entre le bien et le mal, et hors duquel il ne peut sortir. Et comme lui, la foi qui émane du système lévitique dont parle l'ÉPÎTRE AUX HÉBREUX est tout simplement **attelée à la raison**. Ce en quoi, parmi d'autres, la théologie catholique est entièrement d'accord. L'encyclique *Fides et Ratio* le stipule de façon aussi éclatante qu'emblématique de la manière suivante : « La foi et la raison sont semblables à deux ailes permettant à l'esprit humain de s'élever vers la contemplation de la vérité [10] ».

Mais le plus grave dans cette définition de la foi, c'est que l'homme n'a plus seulement une responsabilité TEMPORELLE face au système du bien et du mal qui l'encadre. Car la responsabilité temporelle est finalement naturelle ; elle met sur nos épaules un joug décent, et même édifiant : humain. Or voici que la foi religieuse oppresse l'homme avec un joug de fer ; le joug d'une responsabilité **éternelle** : il doit TRAVAILLER À SON SALUT. C'est une responsabilité inhumaine. Elle est titanesque, ahurissante, irréelle, outrageante, monstrueuse. Elle est diabolique.

Lorsque l'auteur de l'ÉPÎTRE AUX HÉBREUX glorifie le processus lévitique, il place l'homme dans une position identique : « **Choisis de travailler à ton salut !** », dit-il à son lecteur. La « foi » n'est ici qu'un mot servant à entériner la logique du système qu'il bâtit, un système parmi d'autres enserré dans *la première dimension de la pensée*. Car pour ce

---

10 JEAN-PAUL II, *Fides et Ratio*. Encyclique du 14 septembre 1998.

lévite le sacrifice messianique sert uniquement à payer le dû réclamé par cette pensée afin que ses comptes soient équilibrés. La foi consiste dès lors à simplement choisir le bon camp ; celui d'une vérité dont l'obsession est de mettre un prix à chaque crime dans l'Histoire, puis d'en payer la dette, et cela, afin de pouvoir ensuite faire l'autruche en disant que **cela n'a jamais été** – comptablement parlant, bien sûr, *intérieurement*[11] dirait HEGEL, c'est-à-dire que la chose n'est en vérité que virtuelle. Mais la grande force de ce système fut de soumettre Dieu à cette logique en lui réclamant de payer le prix fort par son Fils ; en l'obligeant à faire du Christ un messie lévitique. Ainsi la foi n'a ici aucune intention d'échapper à cette dimension raisonnable de l'existence pour conduire l'être dans UNE AUTRE DIMENSION où il ne sacrifie pas à la raison. Là où la THORA avec son système lévitique sont désapprouvés, là où le pardon exige littéralement une **foi en l'impossible**. Là où la mort et la résurrection de Dieu renvoient précisément à cette perspective.

Le sacrifice du Christ compris au travers du système lévitique produit cette foi du fondamentalisme religieux que les pharisiens pratiquaient déjà avec la lecture qu'ils avaient de l'ANCIEN TESTAMENT. L'Écriture reconnaît pourtant qu'elle est UNE TENTATION : « Pourquoi tentez-vous Dieu en mettant sur le cou des disciples un joug que ni nos pères ni nous n'avons pu porter ? » (ACT 15[10]). Comment l'auteur de l'ÉPÎTRE AUX HÉBREUX ne sait-il pas cela ?

Cette activité-là, par laquelle un homme est sommé d'agir, de choisir, « d'avoir foi » dira-t-on, d'impacter sur des données logiques pour mettre en travail le divin ; de « travail-

---

11 *Supra*, p. 77.

ler à son salut » par toutes sortes de : « Tu dois choisir ; tu dois t'engager ; tu dois croire », etc. Voici une responsabilité monumentale qui peut chez certaines personnes être ressentie comme une pression étourdissante, voire dangereuse pour l'équilibre mental, au point de provoquer de réels problèmes psychologiques.

Une telle foi ressemble davantage à **une motivation**, à une persévérance en vue d'un objectif logique donné : vivre dans une cité céleste où règne le Bien. Y vivre réuni à tous ceux qui auront eux aussi choisi d'œuvrer avec persévérance dans le bon système – celui du sacerdoce lévitique – parmi tous les systèmes que l'humanité propose depuis des siècles selon les enseignements sortis de la bouche même du serpent. CHESTOV disait que les philosophes sont « convaincus que la vérité prouvée a beaucoup plus de valeur que la vérité non prouvée », et qu'ils considèrent la foi comme un « succédané du savoir, un savoir imparfait, un savoir à crédit qui doit tôt ou tard présenter les preuves promises.[12] » Très certainement, l'ÉPÎTRE AUX HÉBREUX est d'accord avec eux, elle qui nous a prouvé noir sur blanc la logique de l'expiation et qui nous explique que la foi est cette logique à crédit.

■ DEUXIÈME DIMENSION DE LA PENSÉE

La Foi dont parle le Christ dans l'Écriture ne consiste justement pas à imposer aux hommes un ultimatum de la raison avec récompenses et punitions à l'appui. Il n'est nullement question pour le Christ d'abandonner l'existence à la Raison. « On reconnaît les vérités de la foi à cet indice – disait CHESTOV – que contrairement aux vérités de la connais-

---

12 CHESTOV, *Athènes et Jérusalem*, IIIe PARTIE, De la philosophie médiévale, IV.

sance elles ne sont ni universelles, ni nécessaires et ne disposent pas, par conséquent, du pouvoir de contraindre les humains.[13] »

La Foi selon le Christ n'a rien à voir avec un système logique. Elle vise la transformation de l'homme, et cela, de façon absolument individuelle. Aussi ne peut-elle être enseignée : elle est une communication d'existence, un don de Vie, un don de sang. Cette transformation consiste à faire sortir l'individu de *la première dimension de la pensée* dans laquelle il est asservi, de même qu'Abraham sortit en son temps pour aller vers lui-même. « Va vers toi » lui avait soufflé Dieu :

> Chez Abraham, la foi était une **nouvelle dimension de la pensée** que le monde n'avait pas encore connue, qui ne trouvait pas place dans le plan de la conscience ordinaire et qui faisait exploser toutes les *vérités contraignantes* que nous souffle notre *expérience* et notre *raison*.[14]

Entrer dans cette autre dimension de la Vie est ici-bas impossible car une telle entrée suppose une mort de tout ce qui en nous est aimanté par la Raison. Il nous est impossible, naturellement, de concevoir l'existence hors d'un système logique. L'entrée dans cette autre dimension de l'existence qu'est la Foi, c'est en réalité **LA RÉSURRECTION**. Aussi, l'homme de Foi est un *incognito*, un inconnu, un être-à-venir à qui Dieu ne cesse de dire : « Pas encore, pas encore, fils, mais va vers toi. Je t'ai moi-même et personnellement ouvert la porte de la résurrection. » Aussi la Foi n'est-elle pas **un**

---

13 *Ibid.*, IVᵉ PARTIE, La seconde dimension de la pensée, XLV.
14 *Ibid.*, IIIᵉ PARTIE, De la philosophie médiévale, X.

choix que Dieu propose à l'homme. Il est impossible de placer quiconque devant un tel choix. De même est-il impossible, face à l'embryon ou au fœtus, de leur donner le choix entre leur vie réelle, celle qui se situe à l'intérieur de l'utérus, et celle à-venir, hors de l'utérus, dans l'Autre-monde. La Foi est **le commencement de la naissance** et elle doit être imposée à l'homme – malgré lui s'il le faut. CHESTOV le dit remarquablement de la façon suivante dans son ouvrage sur LUTHER :

> L'homme ne s'élève pas quand il le veut, mais quand il est appelé par Dieu. Répétons encore : l'expérience de Luther lui a montré que l'apparition de la foi dans son âme était aussi inattendue que peut-être sa propre naissance pour celui qui naît ; peut-être le passage du néant à l'existence est-il aussi pénible que celui de la connaissance à la foi.[15]

« C'est le moment d'évoquer le principe d'OCCAM, disait encore CHESTOV : *Deum necessitari non posse* : on ne peut forcer Dieu.[16] » Et c'est précisément ici que l'homme de Foi peut trouver du repos ; et de l'humilité. Car **IL N'A PAS CHOISI ; IL N'A AUCUN MÉRITE**. Il a été appelé, puis élu. Entrer dans une autre dimension de l'être est une chose qui lui est absolument impossible, aussi cette entrée est-elle entièrement à l'initiative de Dieu. Qui sait, d'ailleurs, si untel qui aujourd'hui regimbe, ne connaîtra pas demain, lui aussi, cette élection ? Que sait-on de l'intime volonté de Dieu ? Les récriminations et les choix de l'homme signifient d'ailleurs, peut-être, tout le contraire de ce qu'elles clament. Car si Dieu

---
15 CHESTOV, *Sola Fide, Luther ou l'Église*, Chapitre XVIII.
16 *Idem*.

décide d'ouvrir la matrice et d'amener l'homme à Lui, nul ne résistera. L'homme de Foi sait fort bien que **les décisions de l'homme ne pèsent RIEN.** C'est Dieu qui choisit, non pas l'homme.

C'est dans cette Foi-là que l'homme trouve un repos extraordinaire, et c'est justement ainsi qu'il peut développer intérieurement une véritable confiance en lui ; la confiance en soi et la confiance en Dieu étant alors en train de se conjuguer ensemble. Plus la seconde se développe, jusqu'à l'impossible, jusqu'à entrer dans une *seconde dimension de la pensée*, et plus la première croîtra. C'est fort probablement à cela que pensait le Christ lorsqu'il lança son : « Venez à moi, vous tous qui vous fatiguez et qui êtes chargés, et moi, je vous donnerai du repos. » (MAT 11^{28}). Aussi faut-il abandonner la confiance que nous avons en nos systèmes logiques, aussi lumineux soient-ils : quand bien même « un ange du ciel descendrait pour nous les annoncer » (cf. GAL 1^8). Car c'est ainsi, hélas, que le système lévitique se présente. Lui aussi est l'un de ces jougs de fer qu'il faut briser. Or, cela exige bien du courage, ainsi que le fait remarquer le philosophe russe :

> Nous avons une telle confiance en notre pensée, nous sommes si bien persuadés que notre pensée à une dimension est la seule possible, que nous considérons presque comme une superstition la philosophie des Anciens : eux avaient le sentiment d'une seconde dimension. [...] [pour la raison] le plus grand des péchés de l'homme, c'est de poser ses exigences et de manifester sa propre volonté, en faisant intervenir dans la pensée ses exigences et sa propre volonté en tant que seconde dimension de la pensée. [...] Mais pour que nous soyons capables d'entrevoir ne fût-ce

que vaguement la possibilité de cette nouvelle dimension de la pensée, il faut que nous ayons le courage de chasser nos terreurs habituelles et que nous cessions de prêter l'oreille aux *a priori* de tout genre que nous souffle la raison. Et alors, « il n'y aura rien d'impossible pour nous. »[17]

Dans l'Esprit du Christ, *la Foi, la Résurrection* et *le Royaume des cieux* sont quasiment des synonymes parce qu'ils sont tous trois tendus vers le même but : révéler à l'homme le mystère qu'il est. À savoir qu'il est appelé à revêtir la nature divine. C'est-à-dire que Dieu l'a élu pour entrer dans Sa réalité, dans **une autre dimension** de l'existence. C'est précisément cela que le Christ appelle « le Royaume des cieux ». C'est l'intériorité divine que chaque Fils de l'homme développera après sa résurrection, laquelle lui donnera d'incarner sa réalité en tant que Roi : « rien ne lui sera impossible », il sera maître de tout, sa liberté ne sera plus asservie à la raison. Lorsque le Christ dit aux siens : « Votre Père a trouvé bon de vous donner le royaume » (cf. Luc 12[32]), c'est à cette nature humaine de l'impossible qu'il pense. Mais lorsque nous croyons voir dans ce propos l'évocation d'une cité-État dans laquelle la justice du bien et du mal serait parfaitement obéie de tous, c'est que nous écoutons encore le Christ avec les oreilles du serpent : au sein de *la première dimension de la pensée*. Le Royaume des cieux, c'est l'Homme enfin sauvé de sa première nature de bête sacrée, d'animal intelligent. « Le royaume de Dieu est **EN VOUS** » disait encore le Nazaréen – littéralement *entos*, ἐντὸς : *à l'intérieur, au dedans*.

---

[17] CHESTOV, *Athènes et Jérusalem*, IVe partie, La seconde dimension de la pensée, Aphorisme XVI.

(Luc 17²¹). C'est de l'individu dont il est question ici, non pas d'un monde ; ou plus exactement des deux, car pour celui à qui « rien n'est impossible » le monde le suit comme son ombre : il veut, et le reste suit. Là-bas, la raison même se réjouit d'enfin obéir aux ressuscités. Elle retrouve ainsi son honneur qui fut sali lors de son règne terrestre, parce qu'elle fut incapable d'engendrer les Fils de l'homme. Aussi ne voit-elle nulle offense quand elle doit se contredire ou ne pas respecter la logique afin d'obéir aux volontés de ses maîtres. C'est pourquoi la nature même fait des choses incohérentes au point que « les arbres de la campagne battent des mains » lorsque passe le Roi. (cf. Isa 55¹²).

Soit donc, cette Autre-nature, cet homme-Roi-à-venir ne sortira définitivement de la matrice – de cette première dimension de l'être dans laquelle nous sommes encore enfermés – qu'à la Résurrection. Aussi l'Esprit donne-t-il à cette situation étroite de gestation spirituelle le nom de « Foi ». C'est l'étroitesse du chemin existentiel où chaque fils de l'homme est encore caché ici-bas. La *Foi*, la *Résurrection* et le *Royaume des cieux* sont un seul et même élan vers la seconde dimension de l'existence. Aussi n'ont-ils nullement besoin de la raison pour « s'élever vers la vérité[18] » comme l'affirme le christianisme officiel. Ils sont précisément là pour libérer l'homme du règne des vérités logiques. La vérité, c'est l'Être. La vérité est existentielle de sorte que chacun puisse affirmer : « Je suis la vérité ». Telle est la déroute de la Foi dans laquelle l'Esprit conduit le chrétien.

Le scandale de la Foi et du monde-à-venir n'est pas tant que l'homme reçoive une autre nature **GRACIEUSEMENT**,

---

18 *Supra*, p. 113.

sans qu'il puisse en rien prétendre la mériter ; c'est-à-dire qu'il est enfanté sans son consentement. Le scandale de la Foi n'est pas non plus que cette nouvelle nature soit en vérité *le salut*, car, en définitive, « être sauvé », c'est **ÊTRE SOI-MÊME**. Le scandale de la Foi, ce n'est pas encore que ce processus de « salut » soit incommunicable à une foule, car il l'est seulement dans **UN VIS-À-VIS INDIVIDUEL** avec le Christ. Enfin, le scandale de la Foi n'est pas le fait que chaque fils de l'homme sera là-bas **MAÎTRE DE TOUT** ; qu'il n'obéira à aucun système tandis que tout lui obéira.

Voici le scandale de la Foi, sa folie. C'est la révélation que l'homme aura de « **CE QU'IL EST ET DEVIENT** », la révélation du mystère de l'Homme, de sa liberté, de son royaume, et de son amour pour la vie et le vivant — c'est précisément la Révélation qu'il aura de Dieu. C'est-à-dire que nul ne verra Dieu face à face. Une telle connaissance de Dieu, face à face, est justement imparfaite. C'est pourquoi chacun connaîtra Dieu parce qu'**il le sera en tant que Fils de même nature**. Chacun connaîtra Dieu en lui-même, dans l'intimité. Il n'y a pas de plus grande connaissance de Dieu que celle-ci ; celle par laquelle l'Homme répondra, lui aussi, à quiconque lui demanderait de voir Dieu face-à-face, en dehors de lui : « Il y a si longtemps que je suis avec vous, et tu ne m'as pas connu, Philippe ! Celui qui m'a vu a vu le Père ; comment dis-tu : Montre-nous le Père ? » (JN 14^9)

Ainsi donc, la Foi n'est pas un savoir ; elle n'est pas non plus une extase ou une expérience mystique qui nous fournirait des preuves ; et elle est encore moins l'expression de nos choix logiques ou moraux dont nous pourrions revendiquer pour nous les mérites. Elle est une existence, et une existence qui pour *la première dimension de la pensée* est terrifiante car elle sonne la fin de son règne. La Foi est l'incognito, l'inconnu de CELUI QUI VIENT et qui ne peut présenter ses preuves ici-bas. Elle est **le sans-preuves**; elle est la Foi. Toute l'Écriture bruisse de cette pensée existentielle qu'aucun dogme ne peut s'accaparer. Ainsi se plaisait à le répéter CHESTOV qui conclura cette partie :

> Personne ne voudra admettre que l'essence de la foi et sa prérogative la plus admirable, la plus miraculeuse, consiste précisément en ce qu'elle n'éprouve pas le besoin de preuves, en ce qu'elle vit par-delà les preuves. Ce privilège est considéré comme un *privilegium odiosum* ou comme un scepticisme mal dissimulé. Car qu'est-ce qu'une vérité qu'on ne peut imposer au moyen de preuves ?[19]

DEUXIÈME PARTIE

LE CHRISTIANISME EST UNE UTOPIE ET DIEU UN MYSTÈRE

PREMIÈRE SECTION
Mise en pratique impossible

La mise en pratique du christianisme est impossible parce qu'il est une utopie de la résurrection dans laquelle la nature de l'homme est absolument irréalisable ici-bas. Nous avons

---

19 LÉON CHESTOV, *Athènes et Jérusalem*, IVe partie, La seconde dimension de la pensée, Aphorisme XXIV : La foi et les preuves.

suffisamment montré dans la partie précédente comment la Foi est un incognito, un sans-preuves. Comment elle est l'évocation d'une vérité qui jamais ici-bas ne présentera ses preuves. **Sa seule preuve, c'est la résurrection.** Aussi le christianisme est-il une « utopie » au sens littéral du mot qui dans le grec οὐ-τοπος renvoie à un *sans lieu* : le christianisme « n'a aucun lieu où reposer sa tête » en ce monde (cf. MAT 8[20]). Il est irrémédiablement une utopie en ce que nul ne peut être, en même temps, vivant ici-bas et ressuscité dans le monde-à-venir. On ne peut l'être que dans la mesure, précisément, où l'on **est caché**, où l'on est en devenir de cette utopie vers laquelle on va. La vie spirituelle de quiconque suit le Christ est réellement « cachée avec Christ » (COL 3[3]) ; « elle vit par-delà les preuves » dirait CHESTOV.

La parabole du bon grain et de l'ivraie est clairement l'évocation du christianisme comme utopie. Lorsque les serviteurs se proposent d'arracher l'ivraie qui a poussé parmi le blé, le maître le leur interdit : « De peur qu'en arrachant l'ivraie, vous ne déraciniez en même temps le blé », leur dit-il (MAT 13[29]). Chercher des preuves, penser que le christianisme peut être mis en pratique ici-bas et qu'il serait dès lors possible de dire « qui est en Christ et qui ne l'est pas », c'est être semblable à ces serviteurs encore tout imprégnés de la théologie de l'ANCIEN TESTAMENT. Toute manipulation pour contourner cette « frustration de l'utopie » fait inévitablement déraper vers quelque chose d'autre que la Foi en Christ. C'est obliger le Christ à battre en retraite en le conduisant aux pieds du Sinaï, là où justement la mise en pratique de la spiritualité est dans l'**ici et maintenant**, car telle est la marque de fabrique de la Loi. Le pragmatisme est son esprit sans lequel toute sa spiritualité est morte. La Loi est fondamentalement une anti-utopie.

Le but de l'ANCIEN TESTAMENT est clairement de mettre en pratique, **maintenant**, la Justice de la Loi, puis d'obtenir directement et immédiatement les répercussions de cette praxéologie. La promesse thoraïque est absolument de l'ordre de l'ici-bas. Celui qui met en pratique la Loi s'attend dès à présent à recevoir le contenu de la promesse : santé, sécurité, prospérité, paix, honneur, etc. « Si tu obéis aux commandements de l'Éternel ton Dieu que je te prescris aujourd'hui, l'Éternel fera de toi la tête et non la queue » ; ainsi chante à tue-tête tout le jour le lévite accompli (cf. DEUT 28^{13}). La rétribution ne se fait pas attendre, au risque, justement, de désapprouver la logique de tout le système sacerdotal. Tout disciple de la THORA est absolument concentré, fasciné, et même hypnotisé par la matérialité. Il concentre toute son énergie afin d'incarner sa spiritualité dans l'actualité, en termes de morale, de politique, de sociologie, de science, etc. Tout ce qui a FORCE pour changer le monde collectivement. Soit donc, les *arkhé* (ἀρχή), les « principes », les « chefs », c'est-à-dire les autorités qui commandent le monde. C'est la raison pour laquelle le judaïsme est tellement imprégné par la présence des anges et des archanges, littéralement « les messagers des commandements », *arkhé* (ἀρχή) et *angelos* (ἄγγελος). En somme, tout homme adonné à la THORA est une sorte de spirite de la raison ; il est envoûté par toutes les catégories propres à *la raison pratique* et à *la raison théorique*.

Il faut dire à ce propos que l'ÉPÎTRE AUX HÉBREUX déroge sensiblement à ce principe de l'immédiateté. Il ne peut faire autrement. En effet, en s'accaparant le Christ pour le mêler à son processus lévitique, il ne peut échapper à **la Résurrection**. Or, celle-ci est le propre du Nouveau Testament tandis que l'Ancien ne s'en préoccupe pas (ou si peu), tant elle renvoie à quelque chose de trop peu pragmatique. C'est un fait dont témoigne sans complexe la tradition juive et le Talmud. Il faut le répéter : la réalisation de la promesse du Christ est une **transformation ontologique** entièrement fondée sur la Résurrection. Aussi est-elle inaccomplie sans cette dernière. Elle n'est réalisable et ne s'effectuera qu'au travers de cet acte **IMPOSSIBLE**. *A contrario*, la promesse de l'Ancien Testament est une **transformation politico-morale** par la pratique de la Loi. Aussi n'a-t-elle nul besoin de la Résurrection pour s'incarner. Sa réalisation est donnée comme un **POSSIBLE** tout à fait logique, expressément commandé dès à présent.

C'est pourquoi l'auteur de l'Épître aux Hébreux se doit de **réformer la théologie lévitique** afin d'y pouvoir inclure la Résurrection. C'est ainsi que nous le voyons, lui aussi, se référer à une certaine utopie. Les passages suivants nous le montrent :

> 11[10] Car il [Abraham] attendait la cité qui a de solides fondements, celle dont Dieu est l'architecte et le constructeur.
>
> 11[13-16] Tous ceux-ci sont morts dans la foi, n'ayant pas reçu les choses promises, mais les ayant vues de loin et saluées, ayant confessé qu'ils étaient étrangers et voyageurs sur la terre. Car ceux qui disent de telles choses montrent clairement qu'ils recherchent une patrie ; et en effet, s'ils se fussent souvenus de celle d'où ils étaient sortis, ils auraient eu du temps pour y retourner ; mais maintenant ils en désirent une meilleure, c'est-à-dire une céleste ; c'est pourquoi Dieu n'a point honte d'eux, savoir d'être appelé

leur Dieu, car il leur a préparé une cité.

12^{22} ...mais vous êtes venus à la montagne de Sion ; et à la cité du Dieu vivant, la Jérusalem céleste ; et à des myriades d'anges, l'assemblée universelle...

13^{14} Car nous n'avons point ici-bas de cité permanente, mais nous cherchons celle qui est à venir.

Mais cette évocation de l'utopie de la Résurrection dans l'épître oblige nécessairement l'auteur à s'enfoncer dans l'ésotérisme. En effet, tout le processus lévitique auquel il a consciencieusement rattaché le Christ est avant tout la réalisation d'un **Royaume théocratique de type davidique**. Un royaume puritain dans lequel le Roi-messie, le Temple et la **Thora** règnent en maîtres absolus sur un collectif de sujets dont l'obéissance est parfaite. Or voici qu'avec la Résurrection l'auteur se voit obligé de faire monter cette théocratie aux cieux ; de la déformer de manière disproportionnée, en un mode superlatif céleste. Ainsi rejoint-il les prophètes tels qu'**Ézéchiel** ou **Ésaïe** au cours de leur ravissement dans une super-Jérusalem de rêve. Il va, lui aussi, sous nos yeux, évoquer cette extraordinaire Cité, cette « montagne de Sion entourée par des myriades d'anges en fête » (cf. 12^{22}).

Ainsi donc, le Royaume des cieux, qui, entre les mains du Christ est une **utopie existentielle**, une promesse concernant directement l'individu, sa nature et sa liberté ; voici qu'une fois passé entre les mains du processus lévitique, il devient une **utopie politico-morale** où la transformation de l'individu ne concerne pas sa liberté, mais sa capacité à devenir enfin le bon élève qu'exigent de lui les saints commandements : un être absolument obéissant. Nous retombons dans la banale construction d'un Monde déjà mille fois rêvé ici et là. L'eschatologie n'est pas loin avec son fameux « retour messianique », son Millénium et ses chimères en n'en plus finir. Ce que l'auteur, d'ailleurs, semble sous-entendre : « Encore un peu, un peu de temps : celui qui doit venir viendra, et il ne tardera pas. » (10^{37})

Nous disons que ce dérapage mystique rajoute de l'ambiguïté à l'ambiguïté. Le texte qui n'a cessé de transformer le Christ en un Messie lévitique se voit désormais contraint par sa propre logique à transformer la Résurrection elle-même. La résurrection ne concerne plus véritablement l'individu, c'est la résurrection d'un Monde qui importe ; un Monde où l'individu est SUJET de la réalité ; un Monde dans lequel on n'entre que si on montre patte blanche : si on est capable de soumettre son existence au Monde. Ainsi donc, l'épître reste fidèle à l'esprit de l'ANCIEN TESTAMENT : **l'homme est fait pour le monde.** Tout au contraire en est-il du Christ, car pour lui, c'est l'existence individuelle qui prime, c'est l'individu qui est Temple divin ! **Le monde est fait, pour et par l'individu.** L'individu EST le Royaume.

C'est pourquoi l'utopie du Christ ne concerne pas la construction d'un corps collectif, d'une cité, d'un gouvernement, etc. Il n'y a pas de règne dans le monde-à-venir si ce n'est celui de l'Existence propre à chaque-UN. Le roi-Messie est une chimère, ou plutôt, chaque homme sera roi-Messie de « la cité » qu'il voudra ou non se faire bâtir. *La résurrection seule* est le slogan du Christ, mais la résurrection de l'Individu. Et tout ce qu'on y rajoute vient du diable.

DEUXIÈME SECTION
La révélation de Dieu est un mystère qui s'appréhende dans l'intimité

Dieu est un mystère et doit le rester. Retirez à Dieu son mystère, ôtez-Lui son voile, et il n'est plus Dieu. C'est très certainement une insupportable frustration pour le religieux. Je n'en doute pas. Toutefois, qu'est ce qui en l'homme est secret au dernier degré ? N'est-ce pas sa plus intime volonté, celle qui se trouve le plus en dedans et à l'extrême de son être ? Retirez-la lui donc. Est-il donc toujours un homme à présent ? Quand plus aucune liberté ne voile un homme c'est qu'il est en train de quitter le genre humain. L'humanité commence là où il y a une chambre pour qu'un homme puisse s'y retirer dans le secret et fermer la porte derrière lui. Ôtez à l'homme cette possibilité, ôtez-Lui son voile, et il n'est plus un homme. Dès lors, pourquoi donc demander à Dieu ce qu'on ne supporterait pas pour soi-même ?

KIEKEGAARD aussi voulait conserver à Dieu son énigme lorsqu'il demanda dans ses *Miettes philosophiques* : « Supposons que le christianisme soit un secret et veuille l'être [...] Supposons que l'homme doué spirituellement se distingue par ceci qu'il pourrait exposer toujours plus clairement comment la révélation est et reste un secret pour des êtres existants. »

Chaque vision du christianisme va pourtant dans un sens tout opposé en apportant sa propre définition de Dieu : pour le catholicisme, Dieu est une Trinité, pour le protestantisme évangélique il est Amour, pour le protestantisme traditionnel il est un système moral, etc. La majorité des églises trouve ainsi impensable d'affirmer que la révélation du Christ doive se définir de la manière suivante: **plus le Christ se révèle et plus il demeure un mystère**. Le prêtre ou le pasteur enseigneront plutôt que la maturité spirituelle vient équiper le croyant du pouvoir d'expliquer Dieu et ce qu'il veut pour tous. Déclarer que la Révélation conduit dans « le déséquilibre et l'inquiétude » comme le disait CHESTOV, et que plus on s'approche de Dieu, moins il est compréhensible et explicable, ce serait assurément contre-productif pour le christianisme officiel. Il faut bien, pour que les églises grossissent, apporter à leurs membres la certitude qu'ils auront bientôt du mystère divin une claire vision. « La foi est *une ferme assurance* des choses qu'on espère et *une démonstration* de celles qu'on ne voit pas » lança avec fierté l'auteur de l'ÉPÎTRE AUX HÉBREUX (11[1]). La foi conduit au doute? « C'est une folie » vous répondrait le lévite. « C'est *une contradiction dans les termes* que la logique divine ne permet pas. Rassurons plutôt le croyant. Assurons-lui que bientôt toute distance entre lui et Dieu sera comblée, que Dieu lui sera totalement dévoilé, que la fusion entre l'homme et le divin sera définitive et totale. »

Étrange perspective. Car où donc se trouve alors mon espace de liberté dans une telle situation? N'aurais-je plus droit à cette distance et cet espace dans lesquels je m'affirme, tant il me faut être étreint par le dieu? Est-ce que l'homme et Dieu doivent si totalement s'appartenir l'un à l'autre que toutes les libertés, avec leurs mystères et leurs inconnus, sont vouées à disparaître? Certainement pas!

Ainsi donc, dans l'authentique maturité spirituelle, il y a **une possibilité de distance et une possibilité d'union**

totale, les deux ne sont pas imposées mais librement consenties. Toutefois, l'ÉPÎTRE AUX HÉBREUX propose un dévoilement du mystère, elle montre ce qui se passe au-delà du voile : elle propose une expérience collective, donc **NON-INTIME**, douteuse et qui plus est voyeuriste ; un vulgaire spectacle.

C'est en vérité le dieu de la Raison qui veut imposer ce « Tout est Un » de la transparence. De même, l'*Ecclésia* impose l'**union obligatoire** et attise le feu de la conscience jusqu'aux moindres recoins de l'être. L'isolement d'un individu lui est donc suspect car il signifie probablement que celui-ci tente d'*échapper au système* : de lui échapper. C'est de cette manière aussi que le satan va jusqu'à juger **L'INTENTION** des hommes. Dans le livre de JOB, nous le voyons poser à Dieu la question suivante : « *Est-ce de manière désintéressée que Job te craint ?* » Autrement dit, le satan ose questionner l'intériorité d'un homme qui est extérieurement juste. Il porte ses regards sur l'invisible, sur l'intériorité de l'homme, désirant que tout soit en transparence, que tout soit Un, que tout soit lumineux. L'allégorie ne fait-elle pas d'ailleurs du satan un ange de lumière ?

Si dans un tribunal on juge d'abord l'apparence et les paroles, plus la justice se perfectionne, plus ses verdicts s'affinent et vont loin dans l'invisible. Le tribunal devient alors un psychologue au jugement des plus affiné. Ainsi se déploie le satan. Lorsqu'aucun autre jugement n'a pu mettre un homme en défaut, le satan fait le psy. Il met l'homme sur le divan et il dit : « Ce n'est pas normal qu'un homme agisse de cette manière, il doit avoir une intention **cachée**... » Il s'emploiera dès lors à mettre cet individu en difficulté, à le pousser dans ses retranchements pour le révéler.

« Sonder les cœurs et les reins. Écrire la Loi dans les cœurs. » Tel est le slogan du satan. Il faut nettoyer la psyché de l'homme de toutes ses libertés afin de ne laisser aucune place à l'arbitraire, à l'inconnu, à l'insaisissable. Tout doit pouvoir être saisi, tout doit être sous contrôle, tout doit être Un – en pleine lumière. Dieu ne doit plus être un mystère. Il faut déchirer le voile qui sépare encore l'homme de Sa présence. C'est-à-dire qu'il faut ôter de l'âme humaine toute liberté individuelle afin que l'homme puisse se soumettre à la perfection aux commandements divins. C'est à cette seule condition que le dévoilement de Dieu lui sera donné, qu'il connaîtra *la vision béatifique*. Il faut ÉCRIRE LA LOI DANS LES CŒURS. Il faut que tout homme soit inséré et enserré dans ce système sacerdotal. Là où tout est pureté, là où l'équilibre est parfait, là où la Cité idéale brille des feux de Dieu, auréolée par le chant des anges se réjouissant de voir enfin les lois parfaitement obéies. Que chacun, pour sa part, soit donc un engrenage dans cette mécanique, oint de l'huile de l'obéissance. Un membre du *Corpus divin*.

C'est ainsi que toute la THORA, avec le processus lévitique, est une écriture en forme de cercles concentriques. Elle juge de plus en plus l'intériorité. DIEU L'A VOULU AINSI. Il a voulu amener l'homme jusqu'au bout de la logique de la Raison dont il s'est nourri. Il lui a donné ce qu'il voulait. Car c'est de cette façon qu'il le prépare à devenir un jour un Fils de l'homme : un rebelle capable enfin de briser l'impossible nécessité des vérités éternelles. Un insoumis, un irréligieux, un adogmatique. Un passionné amoureux de la Vie et du Vivant.

Si Dieu laisse l'esprit de la Loi « sonder les cœurs et les reins » jusqu'à l'intimité la plus profonde de l'homme, s'il le livre au feu et au marteau du système lévitique, c'est donc parce que l'individu est encore **UN ENFANT**. Mais lorsqu'enfin il est devenu **HOMME**, ni lui ni Dieu – enfin devenu Père – ne permettent une telle intrusion dans l'intimité de l'être. Comme son Père, l'Homme assume enfin sa liberté. Il accepte, en tant qu'être libre, d'avoir avec l'Autre une rencontre où **le mystère existe toujours** et où le jardin secret de chaque-Un est respecté. Dans le royaume des cieux, tout n'est pas mis en lumière. On ne sonde plus là-bas les cœurs et les reins. Et nul ne s'en offusque parce que chacun a en l'autre une confiance infinie. Lorsque deux êtres s'aiment et se font confiance, une telle possibilité de distance n'est pas un problème. Bien au contraire ! Elle est inhérente à l'amour, car c'est là que s'épanche tout le jeu divin de l'amour entre les êtres. Telle est la maturité spirituelle : Dieu, de même que l'être, sont une connaissance de la liberté et de l'amour ; aussi sont-ils un mystère et doivent-ils le rester.

L'INTIMITÉ

Intime, nous dit le *Robert historique de la langue française*, vient du latin *intimus* : « ce qui est le plus en dedans, au fond. » C'est un superlatif de *interior*, la vie intérieure, généralement secrète d'une personne. [...] Le terme sert pour qualifier une personne très unie et étroitement liée avec une autre. [...] Il renvoie à l'idée de "domaine privé et secret" de l'individu, qualifiant ce "qui est strictement personnel et tenu **caché** aux autres." »

La maturité spirituelle est de l'ordre de l'intérieur, de « ce qui est strictement personnel et caché aux autres. » C'est pourquoi elle n'est **jamais** donnée à la masse. Dieu ne la donne jamais à la foule. La maturité, c'est la dimension de l'intime. Elle n'est pas de l'ordre du général. Elle est donnée **de la main à la main** : dans la chambre. Ainsi est-elle absente du collectif, et notamment de l'Église qui est elle-même un collectif. Toute spiritualité de type *hors de la chambre*, extérieure, immédiate, est donc éducative. Elle n'est pas encore l'épanouissement de l'autonomie. Elle est une préparation en vue de la maturité qui peut-être viendra un jour. Ainsi donc, au sein de la masse qu'il faut éduquer, la communauté se représente Dieu comme un être dévoilé parce que l'appréhension de son mystère, de son intimité, est impossible à l'enfant qui ne pourrait la supporter. C'est-à-dire qu'au sein de l'église **Dieu est encore dans l'ombre** de son dévoilement. Paradoxe. Il est un spectacle pour tous, connu extérieurement, mais non connu intérieurement et intimement. Il est obéissance et lois. Plus Dieu se voit, et moins il existe.

« Ce qui est le plus en dedans et au fond », l'intime de Dieu, est inconnu de la masse, parce que cette connaissance renvoie aux mystères de la liberté. En effet, Dieu se plaît à garder le secret de son vouloir, ce qui est le propre de la liberté ; ainsi vit-il avec l'autre une relation de confiance absolue, ce qui est le propre de l'amour.

Or, le collectif est naturellement, et malgré lui, **une contre-liberté** qui **paralyse le vouloir personnel**. « La foule est mensonge car elle entrave la décision personnelle, elle favorise l'inauthentique et l'hypocrisie. Car chacun cherche à être conforme avec le groupe », disait KIERKEGAARD. « Ces hommes à la douzaine, cette tourbe en briquettes, ces bancs de harengs », disait-il ailleurs en parlant du collectif. Là n'est pas le lieu du vouloir, de l'intime, du secret et de l'amour. Ce n'est pas à l'Église ou au milieu des méga conférences ecclésiastiques qu'on trouve Dieu, mais c'est **DANS SA CHAMBRE**. « Ton père est dans le lieu secret » dit l'Écriture, c'est pourquoi, ajoute-elle : « Quand tu pries, entre dans ta chambre et ferme ta porte » (cf. MAT 6⁶). La foule est le lieu de l'absence de Dieu, et l'Église, éventuellement, celle de son ombre, peut-être, c'est-à-dire de l'immaturité spirituelle. Il faut un début à tout.

La foule. Lieu de prédilection de la Lumière, de *la raison pratique* et de *la raison théorique*. Lieu de l'homme raisonnable, des serviteurs de la vérité révélée, dévoilée. Lieu de la THORA et du sacerdoce lévitique. Lieu du Peuple de Dieu et non encore de l'Homme de Dieu. Lieu du chandelier des commandements généraux qu'on doit élever très haut pour qu'il éclaire tous les hommes. Lieu qui « entrave » la décision intime, personnelle, particulière – parce que tout doit être Un. Lieu où, précisément, c'est le corps collectif qui est Dieu, lieu où **L'ÉGLISE EST DIEU** : le *Corpus Christi*. Lieu où il n'est pas encore permis à l'homme d'être lui-même le Temple divin.

C'est le lieu où tu dois abandonner ta chambre secrète, la quitter, te séparer de ton Père qui, lui, est resté là-bas, dans le secret, dans ton vouloir intime, dans ta liberté en sommeil, et loin de la force autoritaire de la masse.

Plus tu vis dans la lumière et plus Dieu est absent. Plus la foule t'applaudit en t'acclamant comme un maître, disant qu'en toi se révèle la maturité spirituelle, et plus Dieu est mort. Plus tu es un être obéissant, laissant ta chambre être envahie par le dieu ecclésial, et plus le Christ est absent. Dieu est dans tes secrets, dans ta chambre, dans ton intime liberté, dans ton mystère. Il est dans ta liberté. Il est Loin de la foule qui écrase ta volonté existentielle, mais il est tout près de ton intimité et de tes mystères. Dieu est en vérité **plus près de toi que des anges** avec leurs vérités rationnelles, morales et réalistes. Parce que les anges ne voient que le dédale de ta conscience qu'ils lisent froidement comme une simple suite d'événements et de données, mais ta sensibilité leur échappe totalement, étant eux-mêmes désincarnés, et ils ne voient pas tes secrets et le plus intime d'entre eux : ta liberté. Ils sont incapables de la concevoir et de la comprendre, ne la possédant pas eux-mêmes. C'est pourquoi Dieu a décidé de juger les anges **par la main même des hommes**, ces êtres-existants, incarnés, sensibles et libres ; et plus précisément des *Fils de l'homme*. Ainsi parlait déjà l'apôtre Paul : « Ne savez-vous pas que nous jugerons le monde et les anges ? » (cf. 2 Cor 6)

Dieu hait le dépouillement ; il hait la volonté intimiste mise à nu au nom de commandements généraux ; il hait l'obéissance ; il hait le sacerdoce lévitique et il hait la Thora. Un prophète de l'Ancien Testament avait déjà entraperçu cela : « Ah ! Lequel d'entre vous fermera les portes ? Que vous n'allumiez plus mon autel pour rien. Je n'ai pas de plaisir à vous voir, dit l'Éternel, et je ne veux pas l'offrande de vos mains. » (Mal 1[10])

Bien ailleurs que dans la Bible, dans le monde même des penseurs dits athées, l'Esprit, dans sa liberté, a su murmurer combien la vérité est un mystère qui ne veut pas être dévoilé.

C'est le cas de NIETZSCHE qui dans sa préface au *Gai savoir* coucha ces quelques lignes remarquables :

> Ce mauvais goût, cette volonté de vérité, de la « vérité à tout prix », ce **délire juvénile dans l'amour de la vérité** nous l'avons désormais en exécration : nous sommes trop aguerris, trop graves, trop joyeux, trop éprouvés par le feu, trop profonds pour cela... Nous ne croyons plus que la vérité soit encore la vérité **dès qu'on lui retire son voile** : nous avons trop vécu pour croire cela. Aujourd'hui c'est pour nous une affaire de convenance qu'on ne saurait voir toute chose mise à nue, ni assister à toute opération ni vouloir tout comprendre et tout « savoir ». « Est-il vrai que le bon Dieu est présent en toutes choses ? demandait une petite fille à sa mère : je trouve cela indécent » — Avis aux philosophes ! On devrait mieux honorer la pudeur avec laquelle la nature se dissimule derrière des énigmes et des incertitudes bigarrées.

Oui ! Lequel d'entre vous cessera enfin d'ôter au Christ son incognito et son mystère pour le livrer à la foule. Lequel d'entre vous viendra enfin dans l'intime, dans son existence particulière, dans sa chambre, là où est son Père, dans le lieu secret. Lequel d'entre vous aura enfin cette audace qui consiste à dire « non » au *Corpus Christi*, et « oui » au Christ. Oui ! Lequel d'entre vous fermera les portes de l'église et osera enfin entrer dans la maturité spirituelle en assumant sa liberté en vertu de sa passion pour le Fils de l'homme ?

Ivsan et Dianitsa Otets

Ta vie sera ton butin
À partir de Jérémie 45

Rappel du texte de Jérémie 45

1 Parole que le prophète Jérémie adressa à Baruch, fils de Nériya, quand ce dernier écrivait ces paroles dans un livre sous la dictée de Jérémie, en la quatrième année de Yoyaqim, fils de Josias, roi de Juda : 2 « Ainsi parle l'Éternel, le Dieu d'Israël, pour toi, Baruch : 3 Tu dis : Pauvre de moi ! l'Éternel ajoute l'affliction aux coups que je subis ; je suis épuisé à force de gémir, je ne trouve pas de repos. 4 Voici ce que tu lui diras : Ainsi parle l'Éternel : Ce que je bâtis, c'est moi qui le démolis ; ce que je plante, c'est moi qui le déracine, et cela par toute la terre. 5 Et toi, rechercherais-tu de grandes choses ? Ne les recherche pas ! **Car voici, je vais faire venir le malheur sur toute chair, dit l'Éternel ; et je te donnerai ta vie pour butin, dans tous les lieux où tu iras.** ».

Étrange parole que prophétise là Jérémie à l'adresse de son peuple alors assiégé par les Chaldéens : « Si tu résistes, tu mourras, mais si tu te rends, tu auras la vie sauve ; **ta vie sera ton butin.** » (cf. 21^9 & 38^2).

L'humiliation de la reddition est donc en même temps une promesse : celle d'avoir la vie sauve. Mais en quoi cette vie sauvée *in extremis* est-elle un butin ? Celui qui se résigne à la défaite doit-il regarder sa vie et ce qu'il en reste comme un trophée ? N'a-t-il pas perdu son territoire, sa cité, sa patrie et ses biens ? Et que lui reste-t-il entre les mains sinon une maigre vie ? Toutefois, le prophète crie victoire et parle ici d'un trophée que possède le survivant !

De qui se moque-t-on ? Le rescapé ne s'est pas enrichi d'un butin, bien au contraire, il s'est appauvri de tout. Et s'il lui reste cependant la vie, celle-ci est désormais si faible qu'on se demande bien en quoi Jérémie voit ici un butin et pourquoi il chante la victoire. Ainsi donc, « ta vie sera ton butin » ressemble plus à un sarcasme par lequel l'homme de Dieu met du sel sur les plaies d'un peuple déjà livré à l'extrême.

Cette « médiocre » consolation que Jérémie apporte au peuple, il l'avait d'ailleurs déjà prophétisée à son ami Baruch, celui-là même qui écrivait dans un livre les paroles que lui dictait le prophète. Ainsi lui fut-il annoncé : « Et toi, rechercherais-tu de grandes choses ? Ne les recherche pas ! Car voici, je vais faire venir le malheur sur toute chair, dit l'Éternel ; **et je te donnerai ta vie pour butin** dans tous les lieux où tu iras. » (45^5)

Le malheur vient sur tous, la mort a faim et soif de chair et Dieu lui laisse tout loisir de s'exprimer : épée, famine, maladie...nul ne sera épargné. Mais pour toi Baruch, pour toi qui t'es attaché à Dieu et qui as recueilli ses paroles, la mort passera son chemin : tu vivras. Toutefois, ne te leurre pas et n'imagine pas que le ciel te comblera en plus du butin de ses ennemis ; ne t'attends pas à vivre dans la gloire tandis que la masse tombera sans remède. Le temps est aux amers malheurs pour le peuple mais Dieu n'aura pas l'indécence de les convertir en bonheur dans tes mains. La seule conquête, la seule victoire, le seul trophée que tu puisses espérer, c'est d'avoir la vie sauve alors que le vent sec et froid des calamités t'effleurera ; là sera ton butin : ta vie sera ton butin.

On est aisément tenté de voir dans la consolation de Jérémie une consolation de résignation ; une consolation pour le faible qui pactise avec l'ennemi et se soumet à sa victoire. Et plus sévèrement encore jugera-t-on la prophétie de Jérémie tant elle est si peu animée par l'esprit du Roi-messie dont est tout empreint le judaïsme d'alors. Bien loin de la gloire davidique d'antan, la parole de Jérémie d'Anatot n'exhorte pas à ce qu'on relève la tête pour résister, mais bien au contraire, elle abaisse l'homme à ployer sous la défaite tandis qu'il ne lui reste qu'à espérer que Dieu suscitera la clémence de l'ennemi. On comprend dès lors combien Jérémie a dû être haï par les siens. Comment pouvaient-ils croire que Dieu les livrerait à une telle déchéance, eux qui chantaient la magnificence des rois judéens, ces **élus** dans les veines desquels bouillonnait le sang du grand David : le vainqueur de Goliath ! On se demande même par quel miracle Jérémie put rester en vie de si nombreuses années en tenant de tels propos démoralisateurs. De nombreux prophètes avant lui furent sacrifiés par les religieux et les politiques pour beaucoup moins que cela.

🌿

Un terrible problème subsiste néanmoins quand on lit de cette manière et avec tant de légèreté le livre de Jérémie. Et ce problème, le voici : les événements se sont **réalisés** dans le réel très exactement comme l'avait annoncé le prophète ! Les résistants, ainsi que les prophètes du bonheur qui les conduisaient, tous ceux-là périrent par l'épée, la famine ou la maladie ; en revanche, ceux qui abdiquèrent en écoutant Jérémie eurent la vie sauve. Impossible désormais de faire quelque reproche que ce soit à Jérémie ; et s'il faut railler et contester, que ce soit vis-à-vis de la réalité ; bien plus, que ce soit vis-à-vis de celui qui tient précisément les rênes de l'actualité — à savoir Dieu lui-même.

Face à la réalité, l'évidente et incontournable réalité, toutes les données de notre lecture superficielle du texte tombent. Les préjugés de la vieille et infantile théologie du bonheur s'effondrent ; le fantasme du *Dieu est avec nous, levons la tête, résistons et conquérons le butin de la vie que le ciel nous donne...* ce fantasme s'écroule tel un château de sable que la rigidité de fer du réel vient frapper. Les mécanismes séducteurs et bien huilés des « Dieu est avec nous » sont soudain brisés aussi facilement qu'un roseau : Jérusalem brûle, le temple est détruit, les rois et les religieux sont sacrifiés, le peuple est livré à la barbarie ou envoyé en captivité. Dieu n'est pas avec nous. Plus encore, voici que le prophète clame, au nom de l'Éternel : « Le roi de Babylone, mon serviteur » (25⁹). Le roi ennemi est **le serviteur de Dieu** ! Dieu n'est pas avec nous, c'est bien trop peu : il est contre nous ! Dieu a armé Goliath, mais il promet toutefois d'épargner David quand celui-ci mettra genou à terre devant le géant. — Le temps des contes de fées est terminé ! et tous les prophètes qui s'en font aujourd'hui l'écho seront bientôt égorgés devant ceux qui les écoutent, lesquels, dans leur famine, se dévoreront ensuite les uns les autres : « Je détruirai cette ville et je la couvrirai d'opprobre ; quiconque passera près d'elle sera étonné et l'insultera à cause de toutes ses plaies. Je leur ferai manger la chair de leurs fils et la chair de leurs filles ; et chacun mangera la chair de son compagnon pendant le siège et dans l'extrémité où les réduiront leurs ennemis et ceux qui en veulent à leur vie.» (19^{8-9}) — Ainsi parlait Jérémie et ainsi advint l'Histoire.

Soit donc, aux cris de la réalité Jérémie fut soudain considéré comme une «colonne de fer et une muraille d'airain» se dressant contre le dogme (cf. 1^{18}). Le réel le délivra de l'accusation de pleutre dans laquelle les chefs «spirituels» tentaient de l'emprisonner au nom de leurs saintes guerres. Jérémie a tenu bon à dire ce qu'il est interdit de dire; il a tenu bon de longues années durant, s'acharnant sans relâche à annoncer ce qu'il voyait et qui pourtant l'attristait abondamment, le scandalisait et le déséquilibrait. Jérémie déplaça des bornes qu'aucun autre prophète avant lui n'eut à déplacer. Avec lui un Temps s'achevait, une certaine intimité entre Dieu et le peuple élu se brisait. Dieu préparait avec l'homme **une autre forme d'alliance** tandis qu'il commençait à arracher l'ancienne. La théologie des victoires terrestres à la conquête du monde était abandonnée au profit d'un discours **nouveau**; discours que portera finalement le Christ dans sa résurrection: «Le royaume des cieux seul. C'est là seul que s'ouvrira ton butin! Ta vie sera ton butin alors qu'en mon nom la mort ne pourra te lier au tombeau.»

Il est impossible d'imaginer la pression que Jérémie dut supporter; combien de foi il dut réclamer pour ne pas lâcher prise à la parole qui le brûlait. En effet, bien que vivant dans l'audace prophétique il ne voyait pas encore clairement ce vers quoi Dieu tendait; il ne l'entrapercevait que de manière floue. Et c'est en puisant dans **ce qu'il ne voyait pas encore** qu'il s'arc-bouta à l'extrême pour maintenir malgré tout son propos. D'abord déséquilibré spirituellement, il vécut finalement en lui-même ce qu'il annonçait : il réchappa du glaive, obtint comme butin sa seule vie, et trouva la faveur de Dieu dans ce désert où ses « frères » ne cessèrent de le révoquer violemment. (cf. 31^2).

Pareillement en fut-il de ceux qui l'écoutèrent. Car l'écoutant contre l'avis des chefs de guerre, contre l'avis des faux prophètes du bonheur dont les bannières brillaient du nom de l'Éternel...ceux-là aussi basculèrent soudain dans la catégorie de l'audace, du courage et de la foi. Les faibles devinrent les forts. Quant aux forts, aux dominants, étant livrés à leurs chimères religieuses, ils trouvèrent l'épée des Chaldéens et succombèrent de faiblesse. Face à **la réalité**, nul ne put conserver son masque. Et quand Dieu appelle des rois ennemis pour le servir, les dents commencent à grincer ; ce qui paraissait alors être incontestablement divin s'avère en vérité diabolique derrière les fables raisonnables... Et inversement, l'audace, qu'on juge comme étant une insolence hérétique, s'avère être la corde tendue d'un arc dont la flèche vise à l'impossible de Dieu.

Enfin, qu'en serait-il aujourd'hui si un Jérémie se levait, reprenait par l'Esprit les propos du prophète, puis adressait de nouveau au peuple de Dieu que prétend être **l'Église** son désaveu divin ? Que dirait-on d'un tel homme s'il se présentait tel une muraille d'airain contre l'ekklésia et le chrétien établi, en leur disant : « Misérable ! Tu recherches continuellement les grandeurs terrestres et tu réclames du ciel l'abondance et la graisse. Ne les recherche pas ! Mais tu t'obstines à ne pas écouter, faisant de surcroît passer tes propres fantasmes pour les paroles de Dieu. C'est pourquoi le temps de ton malheur approche, avide, ténébreux, car je vais me lever contre toi. Abdique donc et consens à un christianisme sans église; attache-toi au royaume des cieux seul. Renonce aux visions trompeuses que t'offre l'amitié religieuse de tes ekklésias de théâtre. Quel sera donc ton butin ici-bas si ce n'est une promesse à-venir ? Cette promesse par laquelle le dernier ennemi t'épargnera lorsque tu mettras à terre tes genoux devant lui. Car je te scellerai dès à présent de ma propre vie tel un joyau qu'on cache à la réalité : **Ta résurrection sera ton butin**. Voici donc, ne crains pas le désert akklésiastique dans lequel tes frères te pousseront dès l'instant où s'éveillera ton entendement; car c'est précisément de là-bas que je te montrerai des choses cachées. Et c'est encore de là-bas qu'aujourd'hui j'ai résolu de livrer l'Église à ses ennemis, à ses rêves, à ses chimères. Je la livre à sa propre volonté alors qu'elle n'est plus à mes yeux qu'une meute de brillants animaux aux babines avides. »

ÉPILOGUE

Une géométrie de l'Éden
À partir de Genèse 2-3

À LA LECTURE DES PREMIERS CHAPITRES DE LA BIBLE, nous comprenons vite ce qui pourrait faire sourire les philosophes à propos du *jardin d'Éden*. En effet, ceux-ci ont toujours été fidèles au principe que PLATON plaça sur le fronton de son Académie : « Il n'y a pas de place ici pour celui qui ne connaît pas la géométrie. » Or, la description qui nous est donnée du jardin d'Éden comporte justement une erreur géométrique grossière devant laquelle on ne saurait se taire.

Le texte biblique semble pourtant, au premier abord, rigoureux et précis. Il nous explique que Dieu a choisi un lieu sur terre, l'Éden, puis qu'il délimita à l'intérieur de ce lieu un espace appelé « le jardin ». C'est là qu'il plaça un homme. En outre, nous dit-on, un fleuve prenant sa source à l'extérieur venait couler dans la vaste enceinte du jardin où il se divisait ensuite en quatre bras ; leurs noms nous sont même fournis, associés en plus à des données géographiques et géologiques les concernant. Enfin, l'auteur, qui au passage nous a décrit les trois espèces d'arbres poussant dans cet habitat, nous indique finalement son centre ; **LE CENTRE DU JARDIN D'ÉDEN** :

> L'Éternel Dieu fit pousser du sol des arbres de toute
> espèce, beaux à voir et bons à manger, et l'arbre de la

vie **au milieu** du jardin, et l'arbre de la connaissance du bien et du mal. (GEN 2⁹)

Tout lecteur aimant la cohérence sera donc rassuré devant la description de cet espace *a priori* bien organisé. Rien ne semble manquer à une vie paisible et enrichissante. Et le centre, tel une sorte d'axe roi, est clairement défini par le fameux « Arbre de vie ». La présence de ce centre vital est un renseignement absolument sécurisant. Il laisse à penser que l'individu n'est pas livré à un désordre qui pourrait être angoissant. Aussi est-il raisonnable de croire qu'à ce stade de la lecture, les disciples de PLATON, passionnés par la *ratio* et les mathématiques, ne devraient pas être méfiants devant la métaphore biblique. Car je rappelle que le « jardin d'Éden » est une métaphore de **l'âme originelle nue**. Il est le lieu où « l'adamité », c'est-à-dire l'humanité, a ses racines. C'est donc pour le texte biblique une façon d'évoquer là où tout commence pour l'individu !

Et pourtant. Poursuivant son propos, l'auteur nous conduit dans une aberration géométrique qui surgit insidieusement dans sa narration. Car nous nous retrouvons étonnamment avec un « second centre » :

> Mais quant au fruit de l'arbre de la connaissance qui est **au milieu** du jardin, Dieu a dit : Vous n'en mangerez point et vous n'y toucherez point, de peur que vous ne mouriez. (GEN 3³)

Dieu avait, semble-t-il, indiqué le centre du jardin à l'emplacement de **L'ARBRE DE VIE**. Or, voici que le divin calcul est brusquement corrigé par l'adamité. Celle-ci commence tout juste à prendre conscience d'elle-même, à distinguer ses différences et ses potentialités. Et lorsque sa part infuse, dite féminine, dialogue avec sa part savante et lumineuse représentée par le serpent, l'humanité va soudain concentrer le centre de l'Éden au lieu où est planté L'ARBRE DES CONNAISSANCES. Nous voici donc bêtement avec deux centres : CHOSE IMPOSSIBLE !

Il y a certes conflit géométrique. Mais comment les philosophes pourraient-ils s'en servir pour accuser le texte biblique de légèreté et pour lui refuser par conséquent son témoignage ? Eux-mêmes étant férus de géométrie, ne devraient-ils pas au contraire considérer ce récit avec le plus grand sérieux ? Précisément parce que Adam et Ève ont entrepris un « coup d'état intelligent », et parce que le couple a eu l'audace d'établir la connaissance AU CENTRE, les sages devraient voir qu'ils se trouvent là en présence d'une humanité de la même veine qu'eux : en présence des PREMIERS étudiants de l'Académie !

Car non seulement le couple refusa l'idée de départ les exhortant à laisser l'Arbre de la Vie au milieu, mais il rejeta en plus l'INTERDICTION divine de se nourrir des connaissances pour gérer la Vie. Ces fervents défenseurs de l'Arbre des Théories sont assurément les ancêtres de tous les scientifiques, idéologues et dogmatiques de tous les temps ! Ils ont eux aussi estimé que la primauté de la Vie était trop abstraite et trop subtile pour la laisser aux jugements des ingénus. Ève et Adam pensaient, à l'instar de nos penseurs et autres intellectuels, qu'il est indigne pour la Vie de régner seule au centre, livrée à elle-même et s'offrant à une libre consommation sans autres restrictions que les libertés personnelles et arbitraires. Comment ce qui est si précieux – la Vie – pourrait-il être GRATUIT et si peu économe ? Comment laisser un tel trésor aux seuls aléas des appétences individuelles sans protéger son accès à l'aide d'un gardien universel savant, pudique et rigoureux ? Ainsi ont-ils policé la Vie ! Ils ont soumis sa gratuité, et notre liberté, à un principe musclé, rationnel et lumineux : **LA CONNAISSANCE** avec son ordre des mérites et des récompenses. Chaque homme jouira désormais de la vie selon ce qui lui est dû, en vertu de normes claires, nettes et collectives, et seul l'insignifiant sera laissé à sa force individuelle et subjective. On contrôlera, on menacera, puis on éduquera enfin avec finesse. Petit à petit, chacun devra accepter *librement* qu'aucune parcelle de sa volonté n'échappe aux jugements de la savante et lumineuse Raison *en lui*. Et lorsque cette dernière le sommera de se justifier, il devra présenter des preuves géométriquement recevables.

 C'est de cette manière que les idéologies du bien et du mal jugent dorénavant l'Arbre de Vie. **CELUI-CI N'EST PLUS AU CENTRE**. Il a été déplacé en périphérie. Et il a surtout été confié à de sublimes gardiens qui prodiguent ses bienfaits, non plus gratuitement et à la libre appréciation de l'homme-existant, mais selon ses mérites, selon une table de lois, c'est-à-dire selon son travail et sa soumission. On calcule au compas et à la balance l'obéissance et l'éthique, puis on remet un titre d'autorité et la prospérité à ceux qui sont les plus disciplinés. Quant à l'essence même de la Vie, c'est-à-dire **L'ESPRIT**, lui pour qui vivre signifie s'incarner – eh bien sa folie a quitté la vie. Il s'en est allé. La vie perdit donc sa majesté, puis l'existence fut livrée au chaos. Quelle aubaine pour la Raison ! Car elle s'est alors empressée de dompter cette puissance chaotique qu'est le vitalisme de la Nature. Et c'est ainsi que l'existence devint *un va-et-vient de vie et de* *mort*, une lutte sans fin qui ne laisse jamais la Raison entrer dans le repos de ses shabbats. Enfin, la notion d'ÉTERNITÉ est elle abondamment expliquée par les sages depuis toujours. Elle est cette trame métaphysique des *Vérités Éternelles* qu'ils travaillent continuellement à découvrir et à graver sur leurs tables de la connaissance scientifico-religieuse.

Soit donc, la Vie-réelle s'est séparée de la vie ; et elle s'est séparée de l'homme. Elle l'a quitté. C'est pourquoi l'*arbre de vie* dont nous sommes nourris ici-bas, par la Nature et par les Dieux des théories, n'est en vérité qu'un placebo de cette autre-Vie. Il est une allégorie, une chimère, un faux espoir, une buée biologique qui s'évapore jour après jour de notre être. La mort a vaincu la vie parce que notre logique a vaincu notre folie.

L'adage de l'Académie de PLATON – *il n'y a pas de place ici pour celui qui ne connaît pas la géométrie* – fut donc inventé dès l'origine par les hommes comme règle d'or de la vie : AU COMMENCEMENT EST LA CRAINTE DE LA GÉOMÉTRIE. Et le texte biblique semble nous dire que c'est précisément ce qui décida Dieu à pousser l'adamité hors du jardin ! Le credo grec se trouve donc sur le fronton de sortie, et il correspond en même temps au slogan d'entrée dans notre vie présente, ici-bas, dans cet Éden altéré qu'est notre incarnation mortelle, cette *Âme corporelle* en sursis dans laquelle nous sommes entrés alors que nous aurions pu être un Esprit : *être la Vie*.

Nous nous incarnons dans une immense Académie où règne la peur d'être de mauvais géomètres. Nous y apprenons en effet qu'un seul pas suffit pour passer des délices à la torture. C'est pourquoi chacun essaie de cultiver l'Arbre des Certitudes pour en extraire du BIEN, s'aveuglant du fait que le bien et le mal sortent de la **même racine** et sont nourris de la **même sève**. Et les sages, en bon géomètres, savent fort bien qu'il ne peut exister, pour un même espace, qu'un seul centre : **l'Universel**. C'est la raison pour laquelle la volonté divine les fait sourire. Car l'Arbre de Vie ne régnera pas. Il ne sera jamais au centre.

Les sages argumentent, à juste titre, que la vie individuelle est trop animale pour être laissée à la liberté – à la Vie. Et ils envoûtent le monde entier, persuadant chacun que les doctrines et les idéologies ont le pouvoir de transfigurer les bêtes, *nos individualités*, pour en faire des **anges-de-l'universel**. Ainsi sauvent-ils l'homme, mais en le tuant. Ils abolissent l'homme, qui est absorbé dans l'ange ! De siècle en siècle, alors que tout sarment humain vient se greffer sur l'Arbre-des-vérités-éternelles, c'est la totalité de l'Éden terrestre qui tend finalement à être absorbé par ce centre captivant et boulimique du savoir. Et il entraîne ainsi le monde à sa perfection ; au point de rencontre où tous les lieux et le milieu seront Un ; où nul espace de liberté n'existera plus ; où chaque sarment de vie aura pour sang des valeurs électromagnétiques et algébriques de données scientifiques : le sang de la mort. Car c'est la mort qui suinte de l'arbre des connaissance. Il est l'arbre de mort. Ses vérités aspirent scrupuleusement et consciencieusement la liberté, l'arbitraire, le soudain, l'improbable et l'impossible. Elles assèchent, par leurs séductions, le bois vert, puis même le bois sec. Elles consument, sans fin, un « moi éternel » en l'enfermant dans ses évidences irrécusables pour en faire un insecte fossilisé dans son ambre.

Que Dieu ait pitié de nous ! Qu'il dépose en nos cœurs le germe de son Arbre de Vie. Qu'il fasse germer dans le secret jardin de nos âmes le cep de sa Vie. Ainsi aurons-nous le courage de mettre la cognée à l'Arbre de mort où sont mesurées et pesées nos vies en vue de la mise au tombeau. De plus, nous savons exactement où nous délecter de son arbre de Vie. Là-bas, où il le dressa : au Golgotha. Là-bas, où coule la coupe du sang chaud de Celui qui est ressuscité. L'homme sera alors **LA MESURE DE TOUTES CHOSES**, n'en déplaise à SOCRATE, c'est-à-dire qu'il sera le roi de son jardin lui-même ressuscité en royaume divin – là où **IL N'Y A PAS DE PLACE POUR CELUI QUI N'EST PAS ROI**.

Vous n'y croyez pas ? Permettez-moi alors de vous faire entendre une dernière chose. À savoir que la *Géométrie de l'Éden* était dès l'origine parfaitement exacte. Car c'est en vérité Dieu lui-même qui donna à l'homme la Liberté de choisir son propre « centre de vie ». Il n'y a donc pas *plusieurs centres*, mais *plusieurs possibilités de vérités* pour faire office de centre de commandement : tel arbre ou tel autre arbre. En effet, nous pouvons fort bien traduire ainsi le verset 9 du chapitre 2 cité plus haut :

> Dieu fit surgir [...] l'arbre de vie au milieu du jardin **avec** l'arbre de la science du bien et du mal.

Nombre de traductions vont dans ce sens en utilisant le « avec » au lieu du « et » (LEMAISTRE DE SACY en 1701 ou ZADOC KAHN en 1899 par exemple). Je le répète donc. Dès l'instant où nous lisons ainsi, l'auteur ne nous place plus devant la problématique d'une géométrie erronée avec deux centres impossibles. Non. Mais il prétend que Dieu fait pousser deux Arbres au même endroit ! C'est encore plus farfelu !

Car voyez-vous, si vous décidez de cultiver ici-bas, dans votre invisible édénique, l'Arbre de Vie, celui-ci commencera à **FAIRE EXPLOSER** l'Arbre des Connaissances qui règne en ce monde. Ainsi vous créerez-vous une réalité là-bas, où « tout vous sera possible », parce que votre **VIE DE FILS DE DIEU** en sera le centre, parce que **VOUS SEREZ LA VÉRITÉ ET LA VIE**, et parce que l'Arbre des Connaissances sera déraciné de votre Éden et placé dans un milieu extérieur comme simple valet. Si par contre vous cultivez ici-bas, dans votre invisible édénique, l'Arbre des Connaissances, vous pourrez probablement avoir sur terre une belle moisson, puisque la Raison règne dans notre monde. Mais...vous tuerez dans l'œuf l'Arbre de Vie ! Espérez donc qu'il n'y ait pas de vie après la mort, car alors c'est à l'ombre glaciale de l'Arbre mort que vous serez reçu. Et voyant enfin l'Arbre dans sa nudité, sans les masques du réel, **VOUS SAUREZ TOUT, MAIS VOUS NE SEREZ RIEN**, n'ayant plus de vie. N'est-ce pas cela faire un mauvais calcul ?